BYTEDANCE
敢为极致

字节跳动的
狂飙逻辑

谏之 著

ZHEJIANG UNIVERSITY PRESS
浙江大学出版社
·杭州·

图书在版编目（CIP）数据

敢为极致：字节跳动的狂飙逻辑 / 谏之著. -- 杭
州：浙江大学出版社, 2023.10
ISBN 978-7-308-24055-0

Ⅰ.①敢… Ⅱ.①谏… Ⅲ.①网络公司—企业管理—
经验—中国 Ⅳ.①F492.6

中国国家版本馆CIP数据核字(2023)第145933号

敢为极致：字节跳动的狂飙逻辑
GANWEI JIZHI ZIJIE TIAODONG DE KUANGBIAO LUOJI

谏之　著

责任编辑	顾　翔	
责任校对	陈　欣	
封面设计	VIOLET	
出版发行	浙江大学出版社	
	（杭州市天目山路148号　邮政编码　310007）	
	（网址：http://www.zjupress.com）	
排　　版	杭州林智广告有限公司	
印　　刷	杭州钱江彩色印务有限公司	
开　　本	710mm×1000mm　1/16	
印　　张	13.25	
字　　数	173千	
版 印 次	2023年10月第1版　2023年10月第1次印刷	
书　　号	ISBN 978-7-308-24055-0	
定　　价	68.00元	

无证记者

想了很久，该怎样自我介绍？是互联网大厂的"螺丝钉"？是公司被并购的创业者？是福布斯 U30 抽奖池中的"一张彩票"？还是从负债到还债的场面人？现在来看，好像都不重要，太多的虚名会影响决策。就叫谏之吧，一个深入财经自媒体行业的无证记者（未持记者证的自媒体人）。

对于一个年轻且有梦想的少年郎来说，字节跳动一定是一家心向往之的公司，尤其是它所创造的"同学"文化，会让人有一种在学校内上班的错觉。同时，字节跳动是为数不多的属于 90 后的公司，它的成长史几乎就是 90 后初入职场的成长史，在这里可以切身感受到字节跳动每一步的变化和成长。

字节跳动就像是一座火山，平时在群山中没有任何突出之处，但某一天，它突然喷涌而出并迅速席卷大地，在别人还未反应过来时，就已完成了战斗。如果说拼多多是在电商格局稳定的情况下撕开了口子，那么字节跳动就是在互联网格局确定之后撕开了口子。

任何事情都只有一个核心问题，当核心问题解决的时候，其他问题都会随之迎刃而解。字节跳动的成功源于抓住了两个非常重要的机会：首先是搜索引擎尚未满足人们对新闻、娱乐的诉求；其次是推荐引擎在 2011 年实现迭代。当然，最重要的还是创始人张一鸣的远见与魄力，以及一众投资机构的豪赌。

本书在字节跳动成立时的大环境背景、字节跳动刚成立时的试错、今日头条的破局外，重点阐述抖音的闪电式扩张，以及抖音目前面临的困局和对未来发展的"错误性思考"。

90 后其实挺苦的，新中国成立以来 6 次实现财富自由的机会，一次也没碰到。

第一次：1977—1979 年，恢复高考。3 年录取人数近百万，无数寒门子弟借此成功逆袭。

第二次：1984—1988 年（第一次）、1992—1995 年（第二次）乡镇企业改制，农民群体唯二大规模"由农转商"。

第三次：1992 年，下海经商。邓小平南方谈话后，嗅觉敏锐的体制内人员和知识分子成为下海主力。

第四次：2002—2012 年，WTO 红利期。中国加入 WTO，凭借日益完善的基础设施建设和廉价劳动力，承接海外订单，瞬间催熟了各加工制造业。

第五次：1998—2020 年，房地产大热。该行业门槛低，涨幅大，刚需市场，自带杠杆，热度持续时间很长。

第六次：1999 年开启互联网浪潮。信息技术革命带来的红利，先后滋养了搜狐、网易、百度、阿里巴巴、腾讯……一众互联网公司。即便我们今天在线上做生意，也还是以阿里巴巴为主要平台。但实际上阿里巴巴的红利和 90 后的关系并不是很大，更多是属于 80 后的红利；而根据演变趋势，90 后赶上了抖音的红利。

相较于前几年拼资本，还有一些赛道给了普通创业者逆袭的机会，比如互联网平台、O2O、共享模式、自媒体（微信公众号）……随便做个赛道也能让一些普通人通过创业翻身逆袭。现在，随着金融资本过剩，普通创业者想要逆袭，只能拼流量、拼营销、拼 IP、拼体力做直播等。所以，趁着抖音的红利还在，去追逐星辰大海吧！

2022 年，3 个月的时间，我先后拜访了近 200 位各大公司创始人和高管，从中吸取了很多宝贵的经验和教训。感谢各位前辈的指导与斧正。同时，感谢还在路上的创业者朋友，他们用实际行动体验"滚烫星河"。星光不问赶路人，时光不负有心人，愿与各位一起相聚山顶，静候微风习习。

我还整理过超过百位创业者的完整实操案例，可一本书毕竟容量有限，如果您感兴趣，可以加我好友，与我一起探讨。加好友还可获得"AI 革命与电商"相关内容。本人才疏学浅，如本书中存在错误，请联络斧正。

微信号

今日头条号

抖音号

目录

第四章 **抖音成长史**

第五章 **先搞清楚什么是抖音算法**

第一章

大前提，中美互联网进程概览

互联网迭代

门户网站：从 1991 年开始——信息缺失

门户网站与互联网时代前的纸媒非常类似，是由编辑人员对内容进行更新、整理的大型信息聚合平台。门户网站最重要的特征，就是展示的内容都是由编辑人员决定的，不论是根据时间，还是根据内容的重要程度，都不可避免地带有编辑人员的主观意向。

门户网站于 1991 年率先在美国上线，在美国先后诞生了雅虎、美国在线等第一代世界级互联网巨头。短短两年之后，世界各地的互联网风越吹越大，由此掀起民用互联网的浪潮。

而在 5 年后，这股东风就吹到了大洋彼岸的中国，由此拉开了中国互联网的序幕，并先后诞生了三大门户网站：网易、搜狐、新浪。它们效仿雅虎并结合中国国情进行优化，最终在 2000 年，先后实现在纳斯达克上市，成为中国第一代互联网巨头。在百度、腾讯、阿里巴巴上市前，它们牢牢把握着互联网风向，对互联网的变化拥有绝对的统治权，但留给它们的时间仅有 5 ~ 8 年。

门户网站并不是真正意义上的互联网信息分发平台，说白了还是纸媒等传统媒体的延续，只不过以网络在线的形式表现出来；由于由编辑人员进行信息筛选，因此门户网站具有单向传播的特点，信息交互和个性化程度非常有限。

搜索引擎，
从 1995 年开始——介于信息缺失与信息爆炸

随着互联网深入生活，大家感到信息量越来越巨大，门户网站满足不了大家的需求，同时编辑人员的效率被越来越多地吐槽。一时之间，人人都在建立自己的博客网站，在线发布信息，希望找到兴趣相似的好友，搜索引擎应运而生。

最早流行的搜索引擎是 altavista 和雅虎，但它们也仅仅是根据相同标签对信息进行整理，由于缺少用户标签和大数据整理，因此它们并没有完全使信息与用户需求相匹配。拥有更加先进技术的谷歌趁势崛起，解决了信息与用户匹配的问题。

因为搜索引擎完美实现了信息与用户需求的匹配，也就意味着用户标签的进一步细化，于是，广告行业也随之改变，一种以用户标签为基础的用户包广告上线。雅虎、谷歌纷纷成为受益者（因为广告主策略的问题，谷歌的获利高于雅虎），并在第二次互联网浪潮中赚得盆满钵满。5 年后，李彦宏回国创立了百度，中国紧跟第二次互联网浪潮。中国的互联网进程，与世界相比从时间上进一步缩短。

搜索引擎的巨大漏洞在于，只有当本身有明确的诉求时，用户才会选择使用搜索引擎进行有针对性的搜索，但为了使搜索结果更加精准，用户需要输入精准标签，这对用户使用来说是提高了壁垒。同时，因为新闻和娱乐信息具备即时性特征，这样的内容并不适合采用搜索引擎获取，这为字节跳动留下了两个非常好的机会（今日头条实现了新闻的即时性，抖音实现了娱乐的即时性）。

订阅制，从 1999 年开始——信息爆炸

随着互联网信息聚合平台的产生，信息量骤然增加，一时之间难辨信息真伪，于是 RSS（简易信息聚合）逐渐成形，人们可以直接使用 RSS 阅读器订阅并接收网站更新的信息，而不是登录几十个不同网站查看信息。RSS 是一个信息管理系统，人们只搜集自己提前限定、感兴趣的信息，从而提高信息获取的效率和有效性。

不同于前两次的互联网浪潮，订阅制引擎的出现并没有催生特别庞大的互联网公司，但还是诞生了一些二线互联网公司，比如 Google reader（目前已经停止运营）等。

为什么在订阅制模式下，没有产生巨头？首先，RSS 阅读器并不隶属于任何一家公司，也没有任何一家公司对其拥有绝对领导权，导致诸侯林立。对于资本来说，无法形成垄断的生意都不是好生意，很显然，订阅制公司就属于其中一种。其次，技术迭代过快，订阅制存在时间过短，短短三年后以信息为中心的互联网浪潮就结束了，迎来了以人为中心的第四次互联网浪潮。第四次互联网浪潮催生了迄今为止互联网史上最强的大杀器，并奠定了接下来几十年的竞争格局。

虽然订阅制没有直接催生巨头，但订阅制推翻了传统广告模式，对之后的移动端业务创收亦尤为有效。在后续的不断延伸中，广告与内容混杂在一起，当翻阅杂志时，你会在正常浏览过程中看到广告，而不是被弹出窗口或页面跳转广告打断。当社交引擎和推荐引擎来临时，信息推送基于用户的核心社交行为（点赞、收藏、评论、分享）进行优化，不仅让用户无感，同时让广告更趋向于内容化。

同时，第三次互联网浪潮刚好赶上全球互联网泡沫，导致大家对于互联网的信心出现严重不足。不仅国家层面在调控，各大投资机构和互联网公司也在进行内部调整，这一系列因素也导致了 1999 年的互联网浪潮没有形成席卷式的发展。

经济与政治的动态联系

历史上，中国出现了四次不设 GDP 目标的情况。

前三次分别为 2000 年、2001 年和 2002 年。在这期间，中国之所以连续不设 GDP 目标是因为：第一，东南亚金融危机导致中国经济陷入萧条局面，1997—2000 年中国一直为应对东南亚金融危机进行经济结构调整；第二，2001 年中国出现股灾，整体经济形势面临很多不确定性；第三，2000 年全球性互联网泡沫涌现，一瞬间将整个互联网浪潮冲垮，无论是投资人还是用户，都对互联网的发展提出种种疑问——这也是造成该阶段未形成互联网巨头的重大原因。

第四次是 2020 年，新冠疫情元年。这次比较特殊，中国刚好处于产业变革的十字路口，政策上实行去房地产泡沫，而硬科技方面又暂时没有大的革新，于是，寻找一个既不会受新冠疫情影响，又能带动产业带发展的项目成为整个中国经济的迫切需要。当时的新能源汽车恰巧符合上面的要求。新能源汽车不论是在增速倍率上，还是在未来科技进步上，都是一个足够大的赛道，同时还能冲破外企在燃油车方面的科技垄断，这就为新能源汽车的快速增长叠加了双重 buff（增益）。从效果来看，也非常明显，仅一年时间就拉动了 100 万辆的新能源电动车交易，推动了宁德时代、比亚迪等企业的发展。从专利上看，2020 年全球新能源汽车行业专利申请人数量及专利申请量同比上升 28.9% 和 7.7%。2021 年全球新能源汽车专利的申请人数量同比上升 11.21%，申请数量下降 13.58%。但在世界范围内，中国新能源汽车专利申请量依然最多，占全球新能源汽车专利总申请量的

41.20%；其次是日本，日本新能源汽车专利申请量占全球新能源汽车专利总申请量的 18.56%；美国和德国虽然排名第三和第四，但是与排名第一的中国相比专利申请量差距较大。也就是说，在一定程度上，中国在新能源汽车领域突破了外企的技术垄断。

社交推荐 PC 端，2003 年——信息爆炸

社交网络，顾名思义，就是基于人的互联网体系。不论是门户网站，还是搜索引擎，其核心都是信息之间的流动，但其信息流动最大的痛点就是单向制，即平台方和使用者之间是割裂的，平台方不能知道哪些是消费者喜欢的，哪些是消费者不喜欢的。而社交网络将信息围绕人来重新分发，极大地调动了人的主观能动性。

门户网站、搜索引擎缓解了人与信息之间的交流障碍。社交网络将人连接在一起，这样大家就可以通过分享形成点赞、评论、转发等强互动、强连接行为。美国先后出现了 facebook、myspace、friendster、twitter、WhatsApp，中国则出现了 QQ。这时候的企鹅还是小企鹅，还有一系列的竞对产品，比如 MSN。但 2005 年的腾讯就像是打通了任督二脉，在 QQ 这个大杀器的基础上疯狂狩猎：开发 QQ 校友网（即朋友网）竞对陈一舟的人人网，开发 QQ 空间竞对 51.com，开发腾讯微博竞对新浪微博……也由此引发了投资圈的灵魂一问：如果腾讯进入你的行业，你会怎样应对？

社交推荐移动端，2007 年——信息爆炸

在 2007 年这一年，几乎所有的互联网企业都有力挽狂澜于既倒的可能性。因为在这一年，互联网载体发生了转移，手机全面屏时代正式来临，主要工具

由 PC 转为移动终端（因各家对移动端来临的定义都不同，并且都有各自的理由，本书就暂且以苹果召开发布会且大规模销售为标准。）

一个显性现象就是，facebook 由用桌面 web 浏览器访问转变为用智能手机访问，内容由以文本为主的社交网络转变为以图像和视频为主的社交网络，并且随着自动化进程的发展与摩尔定律的不断践行，这个进程在逐步加快。（或许虚拟现实会成为继文本—图文—短视频之后的又一窗口。）

背靠移动运营商的飞信终于踩中了一次风口，并迅速冲破百万级使用量。大厂中，小米率先发力。2010 年，小米刚成立的时候并不是直接去造手机，而是先制作了一款方便人与人在移动端沟通的软件——米聊（登录需要小米账号）。因操作简单、使用方便，在短短几周时间内，米聊的 DAU（日活跃用户数量）达到 400 万，米聊力压腾讯 QQ，成为下载量第一的软件产品。

而两个月之后，微信才迟迟上线。

推荐引擎，2011 年——信息过载

还记得搜索引擎存在的两个漏洞吗？先天属性导致搜索引擎做不了新闻性、娱乐性的内容，这就给后来的互联网公司留下了巨大的机会。字节跳动趁势推出今日头条，主攻新闻客户端，今日头条最终成为移动端新闻类 APP 的 top1。2016 年，字节跳动又顺势推出抖音，深挖娱乐性内容，打破了社交推荐移动端造就的垄断格局。最终，字节跳动造就了 DAU 2 亿的今日头条，DAU 8 亿的抖音。

字节跳动崛起时吃到了两波最大的红利，即新的互联网浪潮——推荐引擎和移动端。

截至 2017 年年底，全球仅有 14 家市值超过 1000 亿美元的上市科技公司。猜猜有多少家在硅谷？ 7 家，占世界上最有价值的科技公司的一半。

硅谷 150 家最有价值的上市科技公司加在一起价值 3.5 万亿美元。这个数

字太大了，以至于我们大多数人对其都没有概念。因此，让我们换个说法：仅这150家公司就占纳斯达克总市值的50%，全球市值的5%以上。这相当于一个有350万到400万名居民（或者全球人口的0.05%左右）的地区创造的巨额价值。

也就是说，第五次推荐引擎的互联网浪潮，中国几乎与美国同时展开，但因为受到技术、资源、社会关系等众多因素的影响，美国依然遥遥领先。

生产方式迭代：文字—图文—短视频

除互联网浪潮的技术革新，生产方式也发生了变化：文字—图文—短视频。

文本时代，1994—2007 年，主要载体是门户网站及论坛

文本时代，早期的 BBS 等呈现载体的主要功能在于交流沟通。但随着 2G、3G 等互联网带宽的升级，长距离传输已经不是问题，图文逐渐成为主流，这时人们的需求就不仅是交流沟通，更重要的是在此基础上的表情达意，于是一种把图片与文字结合的组合公司相继出现。

图文时代，2008—2012 年，主要载体是微信、微博

图文类的生产方式，能够用更简洁、更高效的方式，让用户表达想要表达的意思。比如 2010 年 10 月面世的 instagram（以下简称 ins），就专注于图片

分享，让用户能够花费最少的时间捕捉生活瞬间。紧接着 ins 推出滤镜服务，让用户除了可以随时随地记录生活，还能获得美的心理慰藉——这样用户就不用费时费力拍摄，然后再花费同样时间甚至更长时间进行美颜。滤镜——让生活成为艺术。随着用户建立起自己的社交网络，并获得点赞、关注、评论、分享等，这种美好的感觉再一次得到肯定。

如果说 facebook 关乎友谊，twitter 关乎意见，那 ins 就关乎体验。在 ins，不论身处何时何地，用户都会通过分享传递一种生活方式。它就像一个观察他人生活的平台，在这里人们可以通过别人的视角去看看与自己不同的生活，并体验其他人的生活。

而在国内，同样特征最明显的就是小红书：你可以跟着某旅行博主，通过他的视角去旅行；你还可以跟着某美食达人，通过他的视角寻找好吃的。但随着时间的推移，今天各公司之间的业务界限越来越模糊。

图文平台的市场价值当然是巨大的，当 ins 被 facebook 用 10 亿美元的价格收购时，它已经拥有了超过 1 亿名用户，却只有 13 名员工。

正因为图文的优势，国内各互联网巨头在文字的基础上，积极布局图文，由此拉开了自媒体争夺战的帷幕。微信公众号、今日头条等图文平台成为自媒体的最佳承载体。以微信公众号为例，它喊出了"再小的个体，也有自己的品牌"。于是，PGC（专业生产内容）、UGC（用户生产内容）、OGC（职业生产内容）、PUGC（专业用户生产内容）时代来临。

音频＋视频时代，2012—2015 年，主要载体为快手、芒果 TV、樊登读书、喜马拉雅等

当今世界，几乎所有职场人都在最短时间内被推上快车道，单纯的图文并不能满足通勤等场景的听觉需求——为了应对职场焦虑和危机，音频被市场所

需要，故而先后出现了各种在线读书会和在线讲书媒体。音频时代最大的特点就是具有伴随性、趣味性和舒适便捷的体验感受。

场景时代，2016 年至今，主要载体为社交媒体、短视频、电商等新业态

4G、5G 通信技术的快速升级，让用户不再满足于图文类内容，而是需要实时互动反馈。节奏越快，大家越需要更简单、更便利的方式以获取所需要的内容。

YouTube 率先拉开了短视频战争的帷幕，让更多用户能够创作和分享自己喜欢的作品。紧跟着，2015 年在国内掀起的千播大战，将 PGC、UGC、OGC、PUGC 从图文领域迅速拉到短视频 + 直播领域。而这时的佼佼者，当属 2013 年成立的微视，它借助微信流量加持和腾讯生态位加持，迅速实现千万级用户量。（随着竞争加剧，内容版权的重要性被抬上了一个新台阶。而腾讯在 2015 年并购盛大文学之后，在版权领域占据了六成的市场份额，几乎成为各内容创作者不可逾越的鸿沟，同时，也成为各内容平台不可逾越的大山，以致后来的抖音、快手、一直播、小咖秀等内容平台频频陷入版权风波。）

第二章

字节跳动和张一鸣

张一鸣与南开大学

张一鸣就读南开大学是算法运算的结果。高考结束后，可供考生选择的学校非常多，尤其是成绩优异的考生。普通考生选学校大多是从城市、专业、家庭等角度出发，要与父母商量很久，甚至还需要联系专业咨询公司仔细评估和研究，通过比较选出综合排名更高的大学，尽量将分数优势运用到最大化——毕竟在中国，学校的质量几乎决定了以后的职业生涯，甚至决定了很多人的一生。而张一鸣对学校的选择是从四个比较特殊的角度来衡量的。

第一，必须是一所著名的综合性大学。综合性大学意味着综合竞争力更强，学习到的内容更加全面和专业。对于一个追求高效的人来说，做出这样的选择是尽可能地将时间最大化利用。综合类大学中女生比较多，而张一鸣正是在大学期间收获了爱情。

当时张一鸣的一个同乡电脑坏了，他跑去帮她修电脑，回到宿舍时就兴奋地说，哇，她们宿舍一个女孩子不错！接着就总去修电脑，经常在BBS上聊天，约她出来玩，然后表白，被拒绝。"被拒后没有表现出一点气馁，"梁汝波说，"有什么呀，他说，照样约出来玩。"

有一次，梁汝波和女朋友还有张一鸣和这个女孩子一起去北戴河玩，玩到张一鸣身上只剩最后几枚硬币时，他说："我们把它花光。"于是张一鸣和这个女孩子就拿着这几枚硬币去了一趟网吧，回来时便牵着手了。这个女孩子便是张一鸣现在的妻子。

——2014 年 12 月今日头条 C 轮融资后，张、梁二人接受采访

看过张一鸣采访视频的朋友都会感觉到，张一鸣是非常内向且理性的创业者，并且还长着一张不被投资人所喜欢的娃娃脸。金沙江创投的朱啸虎就因为觉得张一鸣长了一张娃娃脸，看上去过于孩子气，从而拒绝投资。

内向的人想要保持社交活动是一件非常痛苦的事情，但幸运的是，张一鸣找到了自己的切入点——帮同学修电脑。在四年的学生生活中，张一鸣通过修电脑结识了很多好朋友，这些好朋友日后大多成了张一鸣的创业伙伴；同时，张一鸣也找到了一生的伴侣。

如果我们把时间往前推几年，就会发现，也有一位创业者做了同样的事情——新东方的俞敏洪。大学期间，俞敏洪经常帮助同学打热水，不管是主动性帮助，还是别人找他提供帮助，俞敏洪从不会拒绝，这也为他后来创办公司提供了最佳的势能——信任优势。

第二，必须临海。张一鸣是福建人，福建临海。

第三，远离家乡。好像新生代企业家都有这样一个情结，就是离家乡远一些。

第四，下雪。南方的孩子都有一个看雪的憧憬，在雪中，童话里的故事好像都能实现。你永远不知道，南方的孩子为了看雪有多努力。记得我在读书时，有一年下了一场大雪，学校的积雪可以积到小腿。当时，几乎南方的孩子都去

打雪仗，在雪堆里游泳，然后兴奋地吃雪。只有我们北方的孩子趴在阳台上无动于衷，甚至带了点怀疑。后来，听当地人说，这是10年来杭州最大的一场雪。

能同时符合这四点要求的，南开大学就成了最佳的选择；同时，天津距离北京非常近，能够在最短的时间内获得最丰富的市场信息。

通过张一鸣对就读大学的选择，我们不难看到，早期的张一鸣就建立了自己的方法论：通过给定条件的组合，让复杂的问题简单化，并从中选择出最合理的结果。

在校期间的张一鸣也做了一些妥协，他当时最想学生物学，但因为分数不够转向了电气工程专业，后来又因为该专业缺乏实践机会，没多久就跳转到软件工程专业。正是这次变动，将张一鸣带入了软件工程师的快车道。

在校期间，张一鸣最大的乐趣就是练习编程，他很少打牌，也不玩游戏，甚至很少参加活动，在大学这是非常另类的。他的时间要么用在了软件编程，要么用在了看名人传记，也经常帮助别人修电脑。而站在今天的角度回顾昨天，张一鸣的这三大爱好，帮助他锻炼了技术，培养了耐心，拓宽了视野，也让他交到了很多朋友。多年后，当张一鸣创建字节跳动的时候，也是在这些同学的帮助下，字节跳动迅速完成了1.0的迭代。

张一鸣真的是"一鸣惊人"。四年的大学时光，张一鸣并不是突出的学生，他依然保持着好成绩，但不算名列前茅。他唯一一次出现在公众视野，就是在比赛中凭借编写的"电动板自动化软件"获得了二等奖。平平无奇的大学经历，让他在同学和老师的眼中，成为一个无趣的同学。但仅仅过了10年，张一鸣就以企业家的身份再次回到南开大学，只不过这次他作为分享嘉宾，站在了主席台上。

张一鸣的打工路

酷讯——航班和酒店搜索引擎网站（2006 年）

毕业后的张一鸣先是创立了一家公司，但这家公司没多久就死掉了。毕竟刚毕业就开始创业，成功的概率是非常小的。好在张一鸣的父辈为张一鸣攒下了一定的积蓄。

失败后的张一鸣踏上了找工作的路途，他把自己的软件工程文凭和联系方式发布在一个在线论坛上，希望通过这种方式找到工作。不久之后，一位南开大学校友联系了他，希望他加入企业。于是，张一鸣动身去了北京，到这家羽翼未丰的在线航班和酒店搜索引擎网站参加面试。面试时，张一鸣提出了一个非常有用的技术改进建议，给面试官留下了深刻印象。他立即获得了聘用，成为该公司的第五名员工，而这家公司就是日后盛极一时的酷讯。酷讯就像互联网行业的黄埔军校，培养了大量的互联网工程师人才，其中有 30 多位在日后创办了自己的企业，并因此在业界留下了酷讯帮的传说。酷讯的创始人是吴世春（后来成立梅花创投）和陈华，投资人是王琼（海纳亚洲董事总经理）。请注意这里的"王琼"，正是她，再次将张一鸣拉上了创业的快车道，并成为张一鸣连续多次的投资人。

在酷讯，张一鸣用了两年的时间从一个小员工成长为管理四五十个人的主管，在忙碌的同时张一鸣实现了快速成长。也是在这里，张一鸣建立了自己的工作方法论。

> 我工作时，不分哪些是我该做的，哪些不是我该做的。我做完自己的工作后，对于大部分同事的问题，只要我能帮助解决，我都会去做。当时，Code Base 中的大部分代码我都看过了。新人入职时，只要我有时间，我都

会给他讲解一遍。通过讲解，我自己也能得到成长。还有一个特点，工作前两年，我基本上每天都是晚上 12 点以后才回家，回家以后也编程到挺晚。确实是因为有兴趣，而不是公司有要求。所以我很快从负责一个抽取爬虫的模块，到负责整个后端系统，从开始带一个小组，到后来带一个小部门，再到后来带一个大部门。

　　　　　　　　　　　　——2016 年今日头条 bootcamp（新兵训练营）演讲

酷讯的工作还培养了张一鸣的另一个良好习惯，作为工程师的他经常和销售团队一起跑客户，给自己更多的实践机会，这为日后创立字节跳动广告销售团队打下了基础，埋下了种子，使他能够更清楚地了解客户的诉求和关注点。

在酷讯还发生了一件很有意思的事情。

程序员张一鸣在酷讯做垂直搜索时，要订一张回家的火车票，由于火车票很难买，所以他花了一小时时间编写了一个程序。他将自己的需求用程序固化、存储下来，让网站机器定时自动地帮他搜索，一有搜索结果就用短信通知他。半小时后，他就收到了短信提示，然后就直接去取票了。不用买黄牛票，也不用在电脑前一直待着，这个小程序给他带来了非常大的价值。当时，张一鸣有了想法，他开始思考，如何更有效地发现信息。（其实说起来还是蛮有意思的，很多享誉全球的公司的成立，可能就源于创始人的某一次恶作剧或者突然之间的灵感。据说，facebook 的成立源于马克·扎克伯格为学校评选美女所写的一个程序，该程序最后演变成了 facebook。）

微软（2008 年）

出于各种原因，酷讯在正式面世后遇到了各种问题。在酷讯工作三年后，2008 年张一鸣踏上了新的赛道——北京微软亚洲研究院。微软当时是为数不多的拥有国际舞台的公司，张一鸣希望在这里学习大公司的管理方法。

大公司的好处是：你可以系统学习管理方法和机制，能够认识同频的人和互补的人，让你注重工作的协同性；当你有个好的项目时，也可以通过部门协同的方式迅速实现。缺点就是太系统化了，入职的员工大多成为公司运营机制的"螺丝钉"，只需要按时完成工作进度条即可，甚至不需要思考。

2009 年，张一鸣离开他工作了近一年的微软。据他后来介绍，在微软的一年是他最无聊的一年，每天有固定的工作，规定在什么时间做什么事，一切都在按部就班地进行。但张一鸣并没有荒废这一年的时光，他读了大量的书籍，系统性地学习了国外公司的管理知识，这为张一鸣提供了管理方面的方法论。

在微软的一年，张一鸣在北京买了房。张一鸣买房的逻辑和当初选择学校的逻辑如出一辙。首先，他自己开发了一个检索软件，把北京住房市场的数据全部导入数据库，根据确定值生成的数据，融合变量进行重组排序，最终算出了最具升值空间的房子。于是，当通过中介购买房子的时候，他直接说要某某小区的房子。在 2015 年左右房地产大热时，该小区成为北京房价涨幅最大的小区。

当然，这套房子后来被张一鸣卖掉了，卖房所得成为创立字节跳动的本钱。

饭否——中国版 twitter（2008 年 9 月）

为什么说毕业后的第一份工作很重要？因为它决定了你职场生涯的起点。以今天的市场格局来说，如果你毕业后加入阿里巴巴、字节跳动、腾讯这样的大公司，你获得的资源是优于同期毕业生的。不论是从同事关系还是从每天讨论的话题看，你都处在一个相对顶尖的职场环境。

张一鸣毕业后的第一份工作是创立了一家软件公司；第二份工作是加入了酷讯并迅速成长为主管。作为早期员工的他，在酷讯不仅结识了吴世春、陈华、王琼等早期出名的互联网人及投资人，还接触了大量优秀的工程师，比如：王兴。那时的王兴 29 岁，张一鸣 25 岁。当时的王兴创立了一家公司：校内网（即后来的人人网）。

王兴和张一鸣是同乡，都来自福建龙岩。同时他们两位还有相似的成长环境，父辈都是做生意的，并都有一定的积蓄。不同的是，张一鸣前期是按部就班地学习、按部就班地工作；王兴是博士退学回国创业。福建人的天生敢闯让两位成为好朋友，并且通过相互学习获得了很大的成长，等待他们的是与巨头比肩的互联网颠覆史。

——由《王兴传》一书整理得到

张一鸣在离开微软后，与王兴走到了一起，并成为饭否的创始成员之一。王兴负责公司战略制定和项目进程跟进，张一鸣负责技术开发。在这里，张一鸣有关创业的梦想又重新开始萌发。

饭否在中国开创了类似 twitter 的崭新产品形态，并在 2008—2009 年红极一时，吸引了众多前沿网民入驻。重内容轻形式的产品形态使饭否内部言论活跃，其间 KOL（关键意见领袖）纷纷涌现，有不少名人，梁文道、陈晓卿等以通俗用户的身份活跃其中，为中国网民提供了一个近距离接触专家和偶像的机会。饭否，让互联网社区一时间繁花锦簇。之后，有关社区的创业者络绎不绝，跟风者纷至沓来。

就在王兴和张一鸣准备大显身手的时候，2009 年 9 月份，饭否因对敏感信息处理不当而被关停。（可能张一鸣也没有想到，多年以后，他所创办的内涵段子也因为相似原因而被封。）这件事的后果就是，饭否团队半解散，主力员工各奔前程。王兴随即调转船头，深耕本地生活赛道，创办了美团。

在 505 天之后，饭否逐渐恢复运营，但这时的饭否，已经不是当打之年的饭否。在饭否关停期间，新浪、网易、腾讯、搜狐等门户巨头先后推出了微型博客服务，其中新浪微博成长最快，且已经站稳领跑位。截至 2010 年，新浪微博已经成为娱乐性社区的代名词。

一家互联网公司应该非常注重直接网络效应和双边网络效应，505 天的时间足够完成 4 轮以上的融资。实际上，在 2010 年年中，博客网站的战争就已经宣布结束。

九九房——房地产搜索门户网站（2009 年）

还记得张一鸣在微软工作时买房的经历吗？为了选出最佳的房子，张一鸣直接编写了一套软件，通过软件选择最佳购买位置。于是，在离开饭否之后，在海纳亚洲王琼的引导下，2009 年张一鸣入职九九房（早期是酷讯旗下的一个子频道，是专注于房地产搜索的门户网站。今天字节跳动的幸福里也有九九房的影子），在 6 个月的时间内，先后推出了掌上租房、掌上买房等 5 款移动应用。在当时移动互联网并不发达的情况下，九九房实现了 150 万的用户规模。

这一年，左晖所创立的链家网也正式上线。

截至 2011 年 12 月，九九房的日访问量达到 30 万人次，成为中国最大的房地产信息网站；特别是在移动端，已经在房产类应用中排名第一。

在九九房，张一鸣第一次独立带团队，他从 0 到 1 完整经历了初创公司的每个阶段，不论是客服、销售还是产品。也是从这里开始，张一鸣身上表现出明显的领导者潜质。在张一鸣当时的团队中，还包括他的大学同学梁汝波。

遗憾的是，我们并没有等到张一鸣带领的九九房与左晖带领的链家正面决战。张一鸣超强的战略导向能力在此时发挥了重大作用，九九房的实践让张一鸣对移动市场的认识更加深刻，他认识到，移动互联网时代来临，"个性化信息推荐在手机上的需求更大，做一个全网全内容的大平台更有市场空间"。当张一鸣把想法告诉王琼后，王琼成了他的天使投资人。

张一鸣与今日头条

如果说门户网站、搜索引擎的扩张是以美国硅谷为主导的闪电式扩张，那么推荐引擎就拉开了中国中关村的闪电式扩张的序幕。中国提供了一个庞大的国内市场、全行业供应链，它让本国的闪电式扩张公司在迎接全球化挑战时有了应对任何挫折的底气。于是，中关村时代来临。（在前几次互联网浪潮中，中关村像是硅谷的附庸，其他城市则是附庸的附庸。）

张一鸣从大学毕业就已经开始创业。从南开大学毕业后，在学长的鼓励下，他与同学共同创办了一家公司，开发办公协同软件（在一定程度上影响到后面的飞书）。为了筹集启动资金，张一鸣和他的两个同事在网络平台上接任务做兼职，在经历了一段时间后，他们每天都能赚 1000 多元。就是在这样紧张的情况下，张一鸣最终还是将自己的办公协同软件开发成功，并使之成功上线。办公协同软件是非常伟大的，但在当时，这个概念太超前了：那时候连微信都还没有产生，QQ 也在全国普及没多久，很多人甚至还是用传统笔记本记录，更别提线上化办公了。

虽然失败，但创业的种子在张一鸣的心中开始生根。

先后经历了酷讯、微软、饭否、九九房等互联网公司，张一鸣终于开始了自己的第二次创业——做移动端的信息综合平台。

字节跳动的创立

2012 年 3 月，字节跳动公司成立。虽然在公司成立之前，张一鸣已经在网上做了几款 APP 的测试，但今天我们回顾字节跳动成长史的时候，一般以字节跳动公司成立的时间为起点。

北京拥有中国最完善的基础设施，也有最符合创业者需求的配套资源和生产要素，但齐全意味着过高的成本。和大多数在北京创业的公司一样（美国一般选择地下车库），字节跳动公司坐落在一个居民区内——锦秋家园。锦秋家园，一个位于中国最古老城市、临近中国最高学府的小区，如果非要问它有什么特色，那就是有点旧吧！感兴趣的朋友可以用地图搜下"锦秋家园"，刚好在北京大学城的核心腹地，将公司开到这里，可以用最短的时间接触最优秀的人才。

有两间会议室：小的会议室有 5 平方米，大的会议室有 10 平方米。

我之前在北京的一个工地上看到一句宣传口号："空间有形，梦想无限。"最大的会议室虽然只有 10 平方米，但是你的想法可以很大，你可以想得很远，你可以在公寓里面斟酌产品的名字、斟酌产品的愿景，讨论未来要做全球化。

我们当时都很喜欢宜家，所以买的家具都是宜家的，没有进行任何定制。

每次午饭时间都有香味传来，我们一边工作，一边闻到菜的味道。就自己盛菜盛饭，到自己的座位或阳台上端着吃饭，站成一排或者是两排，菜和饭是放在一个碗里面的，是红烧肉或者排骨这样的家常菜。

在这套房里吃过火锅，年会的时候叫了 8 个海底捞火锅，但只开了 4 个锅，因为会跳闸。还有因为欠电费被拉闸的时候，当时的行政部门就一个人，他被严厉批评了，并且被要求发事故通报。因为我们觉得停电是个事故，要避免。

下午可以喝茶，但是没有下午茶。

也有同事来了 2 天就走了，可能觉得小公司、不规范，但我觉得其实条件挺好的，2 万元租金租这一套房子。我们的创业条件，我觉得其实不是很辛苦。

——抖音内部视频

从来没有觉得我们的办公条件会是个问题，但当时有挺好的候选人选了豌豆荚，因为豌豆荚的装修比我们好一些。

2013 年四五月份的时候我们搬到了盈都大厦。

——抖音内部视频

请记住这套简陋的居民房，在这里创立的字节跳动将成为比肩 BAT 的互联网巨头。无独有偶，当时在这栋居民楼中，不仅仅有字节跳动，还有后来的民营新媒体巨头——36 氪，第一家在美国上市的中国科技类媒体公司。历史总是惊人地相似：十几年前，马云同样是从杭州的湖畔花园小区走向世界，当时的阿里巴巴同样不被人看好，马云一度被人认为是骗子。

今日头条的创立和主要方法论

虽然张一鸣在毕业后换了四份工作，但是他所做的工作都是通过技术做信息的搜集与分发。张一鸣成立字节跳动时，他早已是这方面的专家。他对字节跳动的定位非常清晰，就是利用算法，向用户推荐他们可能感兴趣的内容。早期的字节跳动本身不生产内容，也没有编辑，只提供纯粹的技术。对于新用户，平台就推荐点击量大、浏览多的内容；对于老用户，就推荐看得最多的那一类内容，随着打开阅读的次数的增加，后台标签会更加准确。

为了测试用户的喜好，字节跳动采用了 A/B 测试法，公司先从网友爱看的爆笑图片、网络段子、美女相册等开始做起，推出了一系列 APP，包括搞笑囧图、早晚必读的话、犀利语录、内涵段子、内涵漫画、好看图片、今晚必看视频、潮流汽车、时尚家居、我是吃货……并将这些 APP 投放到各个手机应用商店，通过综合维度评判，看哪个效果最好。最后，内涵段子脱颖而出，在短时间内积累了非常多的用户。之后字节跳动再通过"大力出奇迹"的形式，把所有的流量资源全部集合在一起，进一步催熟了内涵段子，使之成为继新浪微博之后的又一个现象级 APP。

A/B 测试法是字节跳动主要奉行的方法论，不论是内涵段子还是今日头条，都是在这样的方法论下产生的。在项目立项的时候，张一鸣及其团队会确定不同的方向和主题，有针对性地推出不同的 APP，看市场的互动和反馈，验证哪些产品动作是有价值的。同时，字节跳动不仅能熟练运用 A/B 测试法，还能够提炼，将每个产品的优势玩法提炼出来。即便是失败产品，张一鸣及其团队也会做好详细提炼，最终让所有促进用户增长和互动的玩法赋能主推产品。

数据中台 + 主题方向 +APP 壳子，之后再根据市场验证的结果，"大力出奇迹" 地进行地毯式轰炸，这成为字节跳动产品开发——包括抖音开发的方法论。

数据中台：运用统一的数据库，沉淀用户数据，给用户打标签，通过推荐算法的形式给到用户想要的。

主题方向：针对娱乐标签、针对新闻标签……

APP 壳子：搞笑囧图、今日头条……

内涵段子实践了张一鸣的信息分发技术，同时掌握了用户增长的流量密码。包括整个团队，都在这个项目中得到了很好的锻炼。在一切都准备好的情况下，字节跳动的正式产品上线了。

2012 年 8 月，被寄予厚望的今日头条正式上线。今日头条与内涵段子的运营逻辑几乎一模一样，只不过前者覆盖的内容面更广。在资本的助推，以及内涵段子等先行产品的导流下，今日头条发展迅猛。上线 90 天，今日头条就积累了 1000 万名用户。一年半以后，今日头条的用户数超过 1 亿，估值达 5 亿美元。在今日头条成立 4 周年时，用户已经超过 5.5 亿，DAU 达到 6000 万。新浪、网易、搜狐三大门户首先成为被冲击的对象，之后微信公众号、知乎等接连受到冲击……今日头条在图文领域掀起了浪潮，并将支配创作者平台市场达 4 年之久。在南美洲亚马孙河流域热带雨林中的蝴蝶，偶尔扇动几下翅膀，两周后在大西洋的彼岸竟形成了龙卷风。

在今日头条成立不久后，同样主打内容分发平台的一点资讯上线，之后趣头条上线。明面上我们看到今日头条的成功是依靠用户喜好推荐内容，但它在冰山之下有大量的支撑，包括：一流的推荐系统、一流的广告商业化能力、字节跳动产品矩阵沉淀的用户数据、团队的快速迭代、不断跟进的融资……

团队还开发了交叉转换系统，将用户从字节跳动现有的 APP 转移到今日头条。在字节跳动内部，那些失败了的 APP 同样可以将用户"输送"给今日头条，依靠数据中台实现信息共享。字节跳动现有 APP 就像是各个地方的流量渠道，字节跳动通过这些渠道把用户一键复制到今日头条上——这对于今日头条来说是成本极低的获客渠道。字节跳动全年只花了 100 万元预算，即完成了今日头条的百万级粉丝沉淀。字节跳动数据中台就像是一艘巨型的航空母舰，这里存储着所有的信息；各 APP 是这艘航空母舰上的飞机，任何一架飞机出去执行任务，回来后都会把信息反馈到航空母舰上。

长板效应

在读书的时候，我们接受的理论是木桶理论，在人生的发展中尽可能地补足短板，实现均衡的发展。但在互联网日新月异的今天，我们会发现，拉开你与同行差距的恰恰是公司最具有优势的地方。就像腾讯，无数次地想要挑战阿里巴巴的电商产业，结果均遭失败；但在社交领域，腾讯就像是一个庞然大物，消灭了一切来犯之敌和潜在对手。对于腾讯来说，电商业务是短板，社交业务是长板。如果腾讯从一开始就同样重视电商和社交，相信今天肯定就不会有腾讯了。放在国际上，长板效应依然成立。雅虎作为第一代搜索引擎，牢牢掌握着品牌广告，与品牌商之间建立了强信仁关系；谷歌也明白其中的差距，于是力邀中小商家入驻，走"农村包围城市"的路线。可惜的是，雅虎后来放弃了在品牌广告上的优势，转而与谷歌竞争中小企业广告，这就是典型的想要拉平短板。最终雅虎的市场份额被谷歌一步步蚕食，谷歌成为广告领域的领跑者。

> 今日头条已经呈现出了与上一代互联网公司不同的竞争观，不是抢地盘，而是找突破点，做信息流产品，今日头条、抖音、国际化，都是如此。
>
> ——抖音内部视频

提起字节跳动的撒手锏，人们可能会想到"大力出奇迹"。就是说字节跳动会采取遍地开花、不计成本的形式强行捧一个 APP 出来。但是别忘了，在"大力出奇迹"之前还有 A/B 测试法。"大力出奇迹"是集合了各种长板之后的结果，而不是成功的原因。

字节跳动在成长过程中就非常注重长板效应：在刚开始的时候将推荐引擎运用到极致（今日头条早期借鉴过美国社交新闻网站 reddit 的高热算法，并在 2016 年协商对 reddit 的收购），用最短时间优化用户画像和推荐模型；为了给推荐引擎助力，更是以同行 3～4 倍的价格进行手机预装。

商业化方面，2012 年市面上还是以搜索引擎为主要推荐形式，字节跳动如果想在这个领域进行竞争，已经非常难。于是，字节跳动一改往日的广告投放方式，运用信息流广告，一是错开了已有的广告方式增加广告投放选择，二是与用户标签结合定向推送提升准确度。而这两点都是字节跳动推荐引擎的重要优势及长板。

抖音的成长如出一辙，在三管齐下的测试中，先是自由跑步圈地，达到一定体量之后，再通过"大力出奇迹"的形式推出一个运营最好、留存率最高的 APP。

人才篇

如果说 2012 年 9 月之前的字节跳动只是一家无关紧要的自媒体创作平台，

是任何一家互联网巨头都可以快速吞掉的初创公司；那么 2012 年 9 月的字节跳动就像插上了梦想的翅膀——字节跳动首个个性化推荐系统上线。

这里还发生了一个小插曲，张一鸣决定全力以赴做推荐引擎的动力之一，竟是一本书——《推荐系统实践》。这本书的作者是中国顶尖机器学习专家——项亮。当时张一鸣亲自联系了项亮，想要购买这本书，但因为该书尚未出版而遭到拒绝。于是，张一鸣通过各种渠道搜集与推荐引擎相关的知识，自己学习，自己实践，终于撬开了推荐系统的大门。而在几年后，项亮也成了字节跳动著名的工程师。

张一鸣非常重视人才，并积极拓宽人才获取渠道。张一鸣想要在中国打造出一支专业的推荐引擎团队，并打造出最专业的推荐引擎系统。而以当时的中国互联网公司来说，能满足要求并提供大量人才的，只有百度。（实际上，奇虎 360、新浪、搜狐也都有强大的人才积累，但其人才积累并未如同百度一般全面。）

百度是中国最早的互联网公司之一，是当时中国最好的搜索引擎公司，也是较早做 AI 领域探索的公司，这里聚集了顶流工程师团队。对刚刚创立的字节跳动来说，百度就是最好的人才库，也是最大的竞争对手，百度可以利用超强的工程师团队，随随便便打造一家推荐引擎公司。最巧的是，百度的总部也在北京，而且两家公司的位置非常近，都在中关村附近。

于是，字节跳动将人才招聘之手伸向了百度。

2014 年，杨震原（百度 9 年老员工，搜索部副总监）加入字节跳动，任技术副总裁。这为字节跳动带来了第一次技术突破。

在杨震原之后，字节跳动加大了对百度的人才挖掘力度，随着陈雨强、朱文佳等技术大牛的加入，字节跳动在技术上不断跃迁升级。

等到 2016 年的时候，字节跳动的 AI 引擎已经可以根据新闻热点自动模仿记者口吻写作，这时的字节跳动已经不再惧怕百度。

将个性化推荐做到极致

和之前几次互联网浪潮一样，推荐引擎依然是美国的 YouTube 率先开始运用的；但不同于前四次互联网浪潮，中美之间存在一个时间差，这一次当 YouTube 开始探索推荐引擎的时候，字节跳动紧随其后，几乎与 YouTube 并驾齐驱。也是从这时候开始，互联网商业模式的创新中心开始从美国硅谷转向中国中关村。

腾讯 QQ、微信连接了人与人，滴滴连接了车与人，美团连接了吃住与人，阿里巴巴连接了物与人，微博连接了信息与人，今日头条则是让信息与人的匹配更高效。

在 YouTube 和今日头条之前，全世界采用的还是雅虎门户网站创建的人工编辑 + 策划的信息分发方式；而随着移动端的崛起，用户在路上的碎片化时间增多，传统的信息获取方式让用户觉得重复性过高且得不到想要的内容。同时，随着人工智能的发展，机器拥有更强的学习能力，能够随着用户的改变做出针对性调整。这就为推荐引擎的发展创造了条件。

今日头条的优势除了在于拥有推荐引擎，还在于今日头条的系统是用户培育系统。当用户使用该系统之后，系统可以不断地去理解用户的输入。用户每次使用，不仅在享受信息服务，还在教育这个系统，让这个系统越来越有智慧。系统会随着这个过程自发地成长。

大家可以类比一下之前的信息服务，比如搜索。你今天搭建一个谷歌、百度这样的系统，明天就可以直接使用，一个搜索词进来，你就能得到相关的网页反馈。

门户，是每天早上，或者是前一天，主编把他对世界的理解，把对中国的理解安排到编辑值班室，再由后者在门户上编排出来。如果这个主编离开，门户的服务质量就会下降。

——张一鸣

今日头条凭借卓越的推荐引擎和用户培育系统为用户提供更好的体验。只要用户激活了今日头条，今日头条的系统就会获得用户的信息，这将进一步丰富今日头条的用户画像。哪怕用户马上卸载，对于今日头条来说，也已经获得了最原始的信息。如果用户激活了今日头条并使用了一段时间，系统为用户推荐的信息就会越来越准确，今日头条团队就会用优秀的用户体验留住用户。用户使用的时间越长，系统的推荐就会越准确；同时，系统会获得更加准确的用户数据，进一步完善用户画像，丰富整体系统的算法。

并且，今日头条和其他 APP 一直往下刷是不一样的。在今日头条页面，从顶部向下拖曳，页面就会更新内容。

同时，为了应对上下班途中的网络问题（如地铁上的网络延时），今日头条还自带提前缓存功能：在信号非常好的地方，系统会提前缓存当前页面的内容和下面几页内容；在信号不好的时候，观看内容不会受到影响。为了降低流量的损耗，在信号并不是很好的地方，今日头条会自动下调图片清晰度。

今日头条的成功之处不仅仅在于为每位用户精心提供个性化的体验，还在于它有一个好听的名字。

今日，是指当天。

头条，是最热门的信息资讯。

今日头条：当天最热门的信息资讯。

在营销学中一贯提倡"一个好听的名字，可以省下一半的营销预算"，通俗易懂的名字很容易击破用户的记忆防线。而今日头条的名字来源于字节跳动早期的工程师黄河（现为伴鱼创始人兼首席执行官）。

为了提升今日头条的激活率，团队在进行设计的时候，将"头条"两个字设计得非常大，这在一众APP中是非常有辨识度的。

"酒香也怕巷子深"，好的产品做出来，接下来就是抢占市场。

手机预装——科技与狠活

有没有想过一个问题，当你购买一部新手机的时候，为什么有那么多无关紧要的APP，甚至有很多APP是你尝试各种方法都卸载不了的？当你打电话投诉手机品牌方时，他们会说这些APP是生产厂商预装的。但很明显，用户一般是联系不到生产厂商的，甚至连生产厂商是谁都不知道，毕竟每家手机品牌方都有众多的生产厂商。这背后实际上关涉手机品牌方和生产厂商的博弈，也就是APP的预装产业链。

对于早期的APP公司而言，用什么方式获客，成本是最低的？一定是预装，即手机软件前置。

说到中国最大的手机设备生产地，大家的第一反应是哪里？华强北。而中国最大的手机预装软件产业链同样也在深圳。每当新手机从工厂生产出来后，并不是直接流向消费者，而是先被送到特定工厂进行手机APP预装。之后才被运往中国各大城市，经由省级经销商、市级经销商等各级经销商送到用户手中。

首先，会用枪将包装盒加热，然后将手机拿出来。再把手机连接到电脑上，4～5分钟，就可以拿下来。每天都是这样，预装一二十万个手机是没问题的。

拆包装盒的时候要非常小心，不要弄坏了，要保持新品的原样。

——深圳某加工厂负责人

对于字节跳动来说，这也是要攻克的点。并不是和手机品牌方签好合同就可以高枕无忧，每一级的代理商都有可能重复上面的动作，也就是说，每一级代理商都有可能将之前预装的 APP 全部删除，然后重新植入新的预装。举例来说，A 和 B 是竞对公司，A 选择一级代理商预装，B 选择二级代理商预装，在一级代理商把产品交给二级代理商之后，二级代理商由于拿了 B 的钱，完全有可能将 A 的产品下架，全部换成 B 的产品。某些黑心商人，甚至会直接采用系统重装的形式，将该 APP 设定为不可卸载。这就是很多手机 APP 不能删除的原因，因为从一开始这些 APP 就和系统绑定在一起。

这就意味着，对于一家 APP 公司来说，不仅要维护好与手机品牌方的关系，还要维护好与各级代理商的关系，甚至还要维护好与各级零售商的关系，因为任何一个环节都有可能使之前付出的努力功亏一篑。

今日头条也属于众多 APP 中的一个，字节跳动团队中必须雇用专门的人员维护进度。在内部会有专门的表格统计数据，如：手机型号、激活率、地域、人群画像、7 天留存率、30 天留存率……字节跳动团队最终会选择出性价比最高的渠道进行重点跟进。

为了扩大影响力和建立互联网网络效应，张一鸣打破规则，率先接受了 APP 预装按照数量收费，而不是传统的按照激活量收费。仅仅这一点改变，就使今日头条的预装迅速完成了全覆盖。但说到底，张一鸣的底气，还是源于他对自家产品的十足把握：他认为，只要用户看到该产品，就一定会喜欢上。

手机预装软件已经形成一条完整的产业链条。目前多数手机出厂预装软件的数量一般在 10 ～ 30 款，其中半数是推广应用软件。这些软件与系统运行无关，却占内存，一般开机后会自行启动，占据内存并使用流量。

2013 年之前，预装 APP 的成本大约是 0.4 元/台；而在 2015 年之后，短短 3 年的时间，费用就上涨到 12 元/台。在今天，各手机品牌方为了实现最终效益，都在硬件上打价格战，只能从软件和背后的产业链获利。但即便如此，手机软件预装仍然是各 APP 都会采用的方式，因为采用这种方式的获客成本远远低于互联网模式下广告的获客成本。

地推

在小区、商场、写字楼门口，有很多年轻靓丽的大学生，拿着一堆礼品，邀请路过的人下载 APP 兑换礼品。这就是我们常说的互联网大厂最不愿意做的苦活、累活，但却往往是拉开距离最简单有效的方式，也是奠定护城河的关键因素。美团就是凭借强大的地推能力，从一众团购类 APP 中冲出，成为市场份额遥遥领先的 APP。

今天来看，这不是一个好的方式，但在 2012 年推广今日头条时期，还是非常好用的大杀器。

恰巧信息集合领域存在一段蓝海期，这也给了今日头条足够长的时间奔跑。等到各大厂 APP 和创业者 APP 反应过来并迅速跟进的时候，今日头条已经完成了原始用户积累。

先打磨好产品，反复优化用户体验；打通用户数据标签，通过交叉转换系统源源不断给"母舰"提供数据，再根据用户反馈不断优化推荐引擎；最终用"大力出奇迹"的方式，迅速结束战斗。今日头条的"战争"看上去完成得干净利索，但这却是一次次实践之后的结果。

激活用户数 3 亿，

DAU3000 万，

MAU7500 万，

用户时长 47 分钟，

今日头条每天阅读数 5.1 亿，

头条号每天阅读数 3.7 亿。

——2015 年张一鸣公开演讲

也正是因为今日头条获得了巨大成功，在很长的一段时间里，大家都认为今日头条就是一家公司。实际上，今日头条只是字节跳动众多 APP 中的一款，只不过它太有名了。

今日头条商业化

传统的广告投放方式一般有两种。第一种是在百度这类搜索引擎或奇虎 360 互联网平台投放，这种方式是单向的广告输出，广告主对广告投放的效果是不可控的，采用的往往是泛人群地毯式轰炸方式。好处是覆盖面积足够广，曝光度足够强；但劣势也很明显，一半以上的广告投放是无效投放，白白浪费时间和金钱。第二种就是在分众传媒、新潮传媒这类梯媒载体上投放，这类广告和互联网广告相似，都是单向性投放。好处是商业圈、小区等不同人群圈层的划分为广告提供了更精准的投放，人群相对明确；缺点也很明显，因为缺少与用户的互动，导致广告主并不清楚用户对产品的反馈是什么。如果转化效果不好，就默认为是覆盖不到位，于是继续加大投放，陷入无限循环。但转化效果不好，有时也可能是因为广告内容存在问题，无法引起用户共鸣，或使用户感到费解。

有了流量，有了专业化推荐引擎技术团队，公司的商业化能力就被提上了台面，毕竟一家依靠资本存活的公司是不长久的。和所有互联网公司一样，今日头条也走上了广告变现的道路，并打破了 facebook 首创的新闻广告框形式。

广告主没有改变，今日头条的信息流广告让广告承接不再局限于屏幕大小和设备新旧，广告与内容实现了一体化。从某种层面来说，今日头条的内容更新是没有上限的，用户可以随时随地更新并获得最新内容，这在一定程度上标志着今日头条的广告也是没有上限的。

比如，家庭主妇会收到家常食谱的信息，体育爱好者会看到足球比赛推送。今日头条会根据用户特征、环境特征、文章特征等数据，进行组合推荐。这背后是数据挖掘、神经网络、自然语言理解、机器学习等人工智能技术的支持。

当整个内容行业从编辑分发拐入机器智能分发时，去中心化模式让广告的分发模式也随之发生改变。我们知道，广告离不开三个环节，生产、分发和消费，而在智能推荐时代中，这三个端口正在发生改变，以顺应智能推荐技术这一趋势。

——2016 年 10 月 20 日金投赏论坛张一鸣演讲

除了信息分发能力，今日头条有很强的商业化能力，这也是今日头条能够迅速胜出的关键。今日头条改变了传统的广告位收费模式，将空间贴片广告转为信息流广告。传统的资讯阅读平台为每个用户呈现相同的主页，但其实每个人都是独立的个体，都有不同的阅读喜好，今日头条的广告投放之所以精准，依靠的是个性化推荐算法，可以实现广告即内容，这样不会影响用户体验。今日头条的广告效率远远大于其他平台。

从广告的生产方面来说，现在需要像做内容一样去做广告。

我认为在智能分发时代，广告信息化是一个趋势。因为个性化推荐，推荐的是信息。而广告也是信息的一部分，它是有商业价值的信息。现在，强行插入的干扰阅读的广告不再是好的模式。当年门户网站的广告就是挂在两边的，甚至在网页旁边飘，挡住用户的视线，非常影响阅读体验。

而我们商业化的目标是让广告成为一条有用的资讯。广告必须具备可读性，之后它就能直接产生价值了。比如一个新品上市信息，或一个试驾活动，这种既具备商业价值，同时又具有可读性和可服务性的广告，我们就把它当作正常的内容推荐给用户。

2012年年初的时候，我去见投资人，他们当时还跟我说，移动屏幕这么小，你们做广告肯定很不赚钱，因为屏幕小，广告的展示位也少。但是我们推出了信息流广告，生产出来的广告可以像信息一样分发，信息流广告可以不断被刷新，没有展示位数量的限制，更不会像以前那样打扰用户。可以说，它就是一种信息。

我们的广告都很明确地标注了广告字样，但是因为推荐系统精准推荐，且推荐的是有用的资讯，所以转化率都很不错，很多用户都不会介意它是广告。

这也是我认为今日头条广告ROI（投资回报率）更高的原因。

——2016年10月20日金投赏论坛张一鸣演讲

字节跳动在发展过程中不断吸收精兵强将，并且每位都有非常强的不可或缺性。产品经理黄河带领今日头条快速奔跑，不断解决各类问题，最终将今日头条打造成用户喜闻乐见的资讯类APP。张利东带领的商业化部门，让今日头条成为字节跳动实打实的"现金牛"。

说起张一鸣和张利东的关系，还要源于2013年的一次碰面。张一鸣邀请时任《京华时报》副总裁的张利东到盈都大厦（当时今日头条总部）小聚。张一鸣开门见山地对张利东说要做信息流广告，并在会议室白板上写下复杂的计算公式，用数小时时间详细解释信息流广告的底层逻辑。

实话实说，当时我没完全看懂。但他列公式的行为，给我的感觉是震撼，我第一次看见有人用公式给我推导广告赢利模式。

——抖音内部视频

相对于传统广告载体，信息流广告提供了更高的曝光量和点击量，给广告主降低了投放成本。2013 年 9 月，在张利东的带领下，今日头条率先尝试个性化推荐的信息流广告。在早期各大品牌表示怀疑和犹豫的时候，张利东利用自身关系网，为今日头条拉来了最早的一批重要客户，如宝马、丰田等。之后国外奢侈品牌争相合作，这给今日头条的信息流广告提供了巨大的信心。

张利东是媒体人出身，刚开始主要深耕汽车行业的媒体写作，因此在该领域拥有非常强的资源关系，这也为今日头条在广告主服务的道路上提供了现实标杆。

为了更好地展示今日头条商业化取得的成功，我们横向对比 2014 年后的传统广告市场：报纸广告下降 32%，杂志广告下降 15.6%，广播广告下降 3.9%，电视广告下降 3.4%……

而今天，字节跳动早已将商业化部门独立出来，成立巨量引擎公司。在这里通过数据后台，广告主可以清晰完整地看到广告消耗和人群覆盖过程；根据用户实时反馈，数据后台可以即时做出有针对性的调整。广告变得可控，这为广告主提供了良好的服务体验。截至 2016 年，今日头条的广告收入已经高达百亿元，字节跳动在互联网广告的市场份额为 4%；因抖音第二增长曲线（指抖音本地生活）实现闭环，这一份额在 2020 年增长到 21%，广告收入达到 2300 亿元。

张利东也因在商业化领域的出色成绩升任字节跳动中国区董事长，继续带领字节跳动开始新的征程。

中国互联网广告市场概况

2018 年为：搜索广告 58.3%，展示广告 26.7%，信息流广告 4%，直播广告 2.5%，其他 8.5%。

2019 年为：搜索广告 55.9%，展示广告 24.6%，信息流广告 7.6%，直播广告 3.7%，其他 8.2%。

2020 年为：搜索广告 53.9%，展示广告 23.9%，信息流广告 9.2%，直播广告 5.2%，其他 7.8%。

回顾今日头条特点

1. 社交和用户行为分析

用户可使用微信、微博、QQ 账号或注册今日头条账号登录今日头条。今日头条根据用户社交行为、阅读行为、地理位置、职业、年龄等挖掘用户兴趣。通过用户行为分析，用户每次动作后，在 10 秒内更新用户模型。

2. 自然语言处理和图像识别技术

对每条信息提取几十个到几百个高维特征，并进行降维、相似计算、聚类计算去除重复信息；对信息进行机器分类、摘要抽取、LDA（隐含狄利克雷分布主题模型）分析、信息质量识别等处理。

3. 基于机器学习的推荐引擎

根据人的特征、环境特征、文章特征三者的匹配程度进行推荐。

4. 实时海量数据处理构架

实时推荐，0.1 秒内计算推荐结果，3 秒内完成文章提取、挖掘、消重、分类，5 秒内计算出用户兴趣，10 秒内更新用户模型。

5. 精准定位人群进行传播

根据用户所在城市，自动识别本地新闻，将其精准推荐给当地居民。可根据用户年龄、性别、职业等特征，自动计算并推荐其感兴趣的资讯。

张一鸣与投资人

三年前，是王琼主动联系张一鸣加入九九房；三年后，张一鸣主动找到王琼讨论创业项目并争取投资。

这时，移动互联网的风刮得正盛，米聊、微信等移动端 APP 先后出现。

2012 年春节后，张一鸣首先向王琼摊牌，想要抓住互联网移动端的红利，做信息聚合平台，并且在餐巾纸上将整个商业模式解构了（杰夫·贝索斯当年也是靠在餐巾纸上做的商业计划书拿到了投资）。因王琼与张一鸣早在酷讯的时期就已经建立了联系，之后更是在九九房建立深度合作，双方已经达到非常熟悉的状态；加上张一鸣通过卖房表达了自己创业的决心。在多种因素的影响下，王琼给了张一鸣 8 万美元的天使轮投资。就这样，字节跳动出现了。

做互联网是非常烧钱的事情，为了筹集足够多的弹药，张一鸣先后利用自己的关系网，从周子敬、刘峻处融到了 200 万元。为了支持张一鸣的创业活动，周子敬更是自己借款 80 万元给到了张一鸣。

我记得，创立的前一年或者前一年半吧，其实整个业界没有这么看好。

我见有些投资人的时候，他们会提一些很常见的问题：四大门户有多少人，你们有多少人？四大门户现在有多少用户，你们有多少用户？四大门户市值有多少，你们市值有多少？会有很多这样的类比。或者是说，这个方向前几年就有人探索过，他们都没有成功，为什么现在就能成功呢？

我们第二轮融资并不是那么顺利，一个月的时间我见了 30 多个投资人，有段时间因说话太多而失声。

——抖音内部视频

就是这样一家早期不被头部资方看好的企业，后来 10 年的发展让人连连惊叹。10 年的时间，字节跳动先后完成了两次增长曲线的革新，并创造了 3000 亿美元的市值，成为全球市值最高的独角兽企业。而对于早期的投资机构和投资人来讲，他们成为中国互联网史上获取最大回报的投资者：海纳亚洲在字节跳动的回报率远远超过基准资本对 Uber 的投资，成为互联网史上回报率最高的投资机构；王琼也成为互联网投资领域的最佳投资人之一。

字节跳动融资情况

2012 年 3 月 9 日，字节跳动获得数百万元来自源码资本曹毅与天使投资人刘峻、周子敬的天使轮投资。

2012 年 7 月 1 日，字节跳动获得海纳亚洲 100 万美元的 A 轮投资，年底获得 A+ 轮投资。

2013 年 9 月 1 日，字节跳动获得 DST Global、奇虎 360 的 1000 万美元 B 轮投资，估值 6000 万美元。

2014 年 6 月 1 日，字节跳动获得红杉资本（中国）、新浪微博创新基金、顺为资本 1 亿美元的 C 轮投资，股份占比达到 20%，公司估值达到 5 亿美元。

2016 年 12 月 30 日，字节跳动获得红杉资本（中国）、建银国际 10 亿美元的 D 轮投资，股份占比达到 9%，公司估值达到 110 亿美元。

2017 年 8 月 1 日，字节跳动获得 General Atlantic（美国泛大西洋投资集团）20 亿美元的 E 轮投资，股份占比达到 9%，公司估值达到 222.22 亿美元。

2017 年 12 月 1 日，字节跳动曾经获得战略投资，但是未披露具体金额与投资人。

2018 年 10 月 20 日，字节跳动获得软银愿景、KKR、春华资本、云锋基金、General Atlantic 40 亿美元的 Pre-IPO 投资，股份占比达到 5%，公司估值达到 750 亿美元。

2020 年 3 月 30 日，字节跳动获得 Tiger Global Management（老虎环球基金）的战略投资，未披露具体金额与股份占比，公司估值达到 1000 亿美元。

2021 年 8 月 18 日，字节跳动获得中国互联网投资基金的战略投资，未披露具体金额。

2015 年，字节跳动全体高管在冲绳开年会，讨论短视频未来发展的可行性及方向。这次年会的重要性如同阿里巴巴的莫干山会议。

在当时，短视频 APP 已经不是什么新鲜的商业模式，在市面上有大量的短视频 APP。比较成熟的有微视、快手、美拍等 APP，并且每家 APP 都有大量的用户，已经养成了一定的用户习惯。当时有很多员工提出了异议，认为字节跳动已经错过了最佳的入场时机。但如果我们把时间维度拉长，从今天的视角再来回顾，就会发现，2015 年其实是短视频领域最好的一年。一是用户被教育过，大家对于短视频有了一定的了解和体验；二是在 2015 年千万级像素手机的出现，让用户可以随时随地拍摄短视频内容，让短视频内容制作的成本进一步降低；三是当时在短视频领域并没有出现完全领先的公司；四是字节跳动的潜在用户存量已经达到了短视频 APP 的种子用户量，这在今日头条的视频板块非常明显，48% 的增长率已经告诉大家，视频板块是一个非常值得期待的板块。

年会之后，字节跳动内部连续孵化了三个短视频项目，西瓜视频对标 YouTube、火山小视频对标快手、A.me（后改名抖音）对标 musical.ly（TikTok 前身）。

字节跳动的第二个大杀器，马上来临。

第三章

中国直播平台的变迁史

　　第一章我们回顾了互联网浪潮和生产要素的变迁，详细说明了每次浪潮的时间和特征。大的技术革新催生互联网浪潮，推进整个互联网业态滚滚向前；同时，互联网浪潮的裹挟，又倒逼技术变革与迭代。并且只有大的互联网浪潮能催生大的技术革新，而生产要素基础上的创新大多属于商业模式的创新。新的商业模式会对下一次互联网浪潮起到量变的作用。

　　中国直播平台整体经历了秀场直播—游戏直播—娱乐直播—电商直播等几大阶段。这里稍微解释下，因各种直播形式大多处于相伴相生的并行状态，为了方便记忆，我们姑且做这样粗略的划分。

　　如果我们把时间维度拉长，就会发现中国直播平台的发展史，简直就是中国互联网战争史，到处都硝烟弥漫，燃烧着熊熊大火，甚至出现了千播大战、诸侯割据、两极争霸的局面。

直播 1.0 时代——秀场直播，PC 端

　　2005 年 9158 成立，并迅速获得 IDG 投资，中国直播平台的创业史正式拉

开帷幕。这个网站借鉴了韩国的在线视频聊天模式——"十人房"模式。9158在"十人房"模式的基础上，结合国内的环境特点，上线了百人房、千人房等新玩法。在房间里，美女小姐姐们可以尽情地进行才艺表演，通过各种玩法吸引用户进入房间，用各种甜美的声音邀请土豪刷礼物。

9158从中找到了赢利模式——打赏抽佣，并迅速奔上快车道，一骑绝尘。于是，秀场直播的时代正式开始。

2006年，刘岩模仿YouTube创立了视频分享网站——六间房。让六间房成名并走向全国的是一个恶搞视频《一个馒头引发的血案》。在签下作者胡戈后，六间房又连续出品了多个恶搞视频，并凭借超强的曝光度和产品力，成为当时视频网站的第一名，力压当时其他的视频网站。（2006年是中国视频网站群雄逐鹿的一年，在2006年左右，土豆、优酷、酷6、A站等综合性视频网站先后成立，并迅速完成早期融资。）

和所有行业一样，视频早期的版权之战逐渐升级为融资之战。2008年金融危机来临，六间房被迫退出视频战争，转做秀场直播，供血者由资本转为榜一大哥。某一天，一个土豪在房间内刷了700架飞机，价值7万元，在随后的秀场直播间，不断有用户刷礼物，六间房误打误撞成为视频领域最先赚钱的网站，也成为第一家用公司利润为员工发工资的视频网站。不过这时的六间房已经不能被称为视频网站，而应该被称为直播网站，对手也从优酷、土豆切换为9158。

而与秀场直播同步流行的还有游戏直播。

2008年第一家主营游戏直播的公司YY上线，但早期的YY并不是专门的游戏直播平台，当时的YY专注于游戏爱好者实时语音通话。这和创始人基因有关，因为李学凌是重度游戏爱好者，经常玩的游戏是《魔兽世界》，为了更好地完成队友间的互动，方便进行集合、撤退等团队协同，于是开发了YY语音。

但随着使用的人越来越多，YY语音天然成为游戏爱好者交流的广场。不仅仅是游戏爱好者，越来越多爱好游戏，同时爱好音乐的人在其中变得活跃起来，于是 YY 顺势开发了歌手排行榜。

功利心是一个非常强的武器，随着歌手排行榜的影响力越来越大，覆盖的人群越来越多，刷票随之产生，排位甚至明码标价。YY 在其中看到了巨大商机，顺势推出了花钱投票的机制；同时为了满足花钱用户的虚荣心，YY 会显示专属图标以彰显其身份，这样的操作和 QQ 秀有异曲同工之妙。身份标识也在后来的直播场景中被保留下来，成为榜一大哥身份地位的象征。YY 更凭借刷票等彰显身份行为的动作，逐渐获得盈利。

这时候是秀场直播和游戏直播并行的时代，两拨人群会有交流，但联系并不大；每家平台都在极力维护属于自己圈层的人群，赚自己领域的钱。如果仅凭吸金能力来说，这时候秀场直播是超过游戏直播的，毕竟秀场直播的小姐姐对土豪的诱惑力更大。反观游戏直播更像是一个小众圈层市场，更何况打游戏这件事还被定义为不务正业、荒废学业的不良嗜好。

在直播 1.0 时代，最终形成了 9158、六间房、YY 三强并存的格局，并确立了早期直播的赢利模式：主播打赏、平台分成。

直播 1.0 时代——游戏直播，PC 端

2011 年，《英雄联盟》带火了电子竞技；也就是在这一年，电子竞技被提上台面，打游戏不再是浪费时间、浪费生命的事情，而是一种职业竞争赛事。2011年之后，游戏直播平台的融资机会加大，资本关注力度加大，行业创业者增加。

2012 年，YY 母公司欢聚时代在美国纳斯达克上市，成为中国直播平台上市第一股。

2014 年，9158 母公司天鸽互动在港交所上市。

2014 年，YY 剥离游戏直播业务成立虎牙直播；同年，斗鱼也从 A 站中独立出来。两家公司的成立，标志着游戏直播平台度过草莽期，平台之战正式进入诸侯混战期。

同年，战旗 TV 上线，携《英雄联盟》职业电竞强势登场，弹幕式直播登上历史舞台，并迅速成为直播游戏的主流方式。

2015 年，龙珠直播、熊猫直播、全民 TV 通过抢占赛事资源、挖墙脚等方式迅速抢占市场。其中，熊猫直播和全民 TV 皆为王思聪控股。

带宽网络的不断升级、电竞赛事的频繁举办，再加上游戏直播具备极强的时效性和观赏性、用户黏性强等特点，游戏直播成为仅次于秀场直播的直播方式。但从变现端来说，榜一大哥的杀伤力远高于电竞少年。

直播 2.0 时代——泛娱乐直播，移动端

虽然全面屏移动端设备早在 2007 年就已经出现，苹果的发布彻底将手机拉入一个新时代，但在当时的带宽和低像素镜头下，显示出来的画面还不如黑白电视来得有意思，于是在很长的时间内，移动手机只是直播的辅助性产品，而不是主流产品。

2015 年，对于所有直播平台来讲，都是利好的一年。随着智能手机和无线网络的发展，制约直播平台的技术瓶颈得以突破，手机摄像头实现千万级像素，直播的门槛被大幅度降低，打开了"随时随地，想播就播"的新局面。于是，直播从秀场直播、游戏直播升级为"直播 +"，可以直播美食、直播旅行……直播

与生活中的交集越来越多，之前需要专业团队拍摄的画面，现在普通人用手机也可以完成，这也让更多人有了参与的机会。

2015年，国内移动视频直播平台如雨后春笋般出现，以映客、花椒、17直播、小咖秀、一直播为代表的直播APP受到90后、00后的追捧。用户数量在百万级、千万级的直播平台层出不穷。

直播平台的火爆让一众VC投资兴奋得睡不着觉，其中金沙江创投的朱啸虎专门调研了几乎所有主流的直播平台，并在两个月后以7000万元领投映客。之后，越来越多的"朱啸虎们"闻风而动，直播领域的投资纷至沓来。

任何一个行业的火爆，都离不开互联网大厂，在直播平台规模化后，互联网大厂携带"范弗里特弹药"搅局。

2015年，周鸿祎携花椒率先出场，通过直播宝马自燃、百亿撒币、花椒之夜等活动营销造势，又陆续推出《玛雅说》《马斌读报》等原创节目。为了使平台风格更加娱乐化，花椒甚至让主播之间进行竞争，获胜者即可进入《赢天下》剧组拍剧。许多主播为了把握这不可多得的机会纷纷卖力表演，毕竟对于大多数普通人来说机会只有一次，这一操作直接将花椒从二线直播平台拉升到了一线赛场。加上周鸿祎本人的积极宣传，花椒也成为直播领域不可忽视的生力军。

在花椒的搅局下，娱乐直播被快速催熟，YY、陌陌、微博、映客……大家迅速杀到一起，对此可以借用《亮剑》的一句台词来形容，"整个晋西北乱成了一锅粥"。

说到直播，就不得不提到一下科技的创始人韩坤，一位深耕视频领域20多年的创业老兵，拥有丰富的专业知识和领域资源。在将酷6卖给盛大之后，韩坤进行了二次创业。

2016年，定位综合直播的一直播上线，喊出"看明星直播，就上一直播"的口号，凭借巨大的明星资源优势迅速建立护城河，并借势打造了众多互动玩法，如举办"明星邀请你吃年夜饭"等活动，吸引大量用户参与。

作为后来者，一直播并没有直接参与白刃战，而是加强与微博的合作，夯实名人效应和网红效应。同时，通过与微博的合作，一直播能够获得精准流量与低成本流量，叠加秒拍、小咖秀等在短短几周时间内即沉淀千万级用户，成为直播领域不可忽视的重要力量。

腾讯在开通企鹅电竞的同时，依靠QQ这个流量大杀器上线了QQ直播。虽然泛娱乐直播平台不是阿里巴巴的强项，但阿里巴巴也没闲着，其旗下的优酷孵化出了来疯直播。百度是一家搜索引擎公司，搜索与娱乐直播虽有关系，但关系较弱，不过其旗下的爱奇艺依旧孵化出了奇秀直播。

仅仅经过一年的战争，战场上的直播平台纷纷开始调整：有融资实力的加快融资步伐，有资源实力的加紧向互联网大厂投怀送抱，而有些实力比较弱的平台，则走上了打擦边球的道路。

2015年的直播大战一如2007年左右的视频网站混战，各个知名不知名的公司纷纷融资到账，进入千播大战的战场，你方唱罢我登场。除了躁动的创业者，直播行业同时还迎来了躁动的投资人。微博、陌陌等互联网力量纷纷切入直播，依靠自身流量优势，不断加磅直播领域的资金护城河。200多家直播平台让人眼花缭乱，近百亿的热钱源源不断涌入直播领域。

在直播2.0时代，娱乐直播保持着映客、花椒、YY等多强并立的状态，继续着直播2.0的战争；但当抖音、快手等内容性平台领跑后，这些平台渐渐退居二线。而游戏直播平台却大相径庭，最终形成了以虎牙、斗鱼为核心的两强割据状态，虎牙、斗鱼分别以40%+、30%+的市场份额位列状元、榜眼，两家合计市场份额近80%。而这两家公司的背后有同一个老板，就是腾讯。众所周知，腾讯在游戏市场占到了50%左右的份额。此时的虎牙、斗鱼、腾讯之间，形成了前店后厂的搭配：既能掌握流量端口，了解用户喜好；又能掌握开发端口，根据用户反馈做出及时调整。虽然也会有其他游戏类直播平台活跃，但已不构成威胁。

直播2.0时代主要公司概况

一下科技：秒拍、小咖秀、一直播

不论是2015年的千播大战，2016年之后的诸侯割据，还是2017年之后的两强鼎立，韩坤带领着他的一下科技始终奋斗在一线，并在特定时期成为娱乐短视频领域的领跑者。

现在秒拍上的明星有2000多位吧。

——韩坤

韩坤经历

2006年，联合创办酷6网；

2011年，创办一下科技；

2013年，秒拍APP上线；

2015年，小咖秀APP上线；

2016年，一直播APP上线。

定位娱乐直播的秒拍一经上架即掀起轩然大波，各大明星与粉丝产生即时互动，由此渐渐打响直播领域的战争。

2018年，一下科技推出全新短视频产品波波视频，继续加磅短视频直播领域，拓展护城河。作为股东方的新浪微博也顺势推出爱动小视频，主打短视频APP，正式开始了在直播战场与短视频战场的双线作战。

奇虎 360 和花椒

在遭遇流量危机和市场份额危机之后，花椒渐渐与六间房走在了一起。

并购之后的花房集团并没有为周鸿祎带来更好的成交转化，花房集团直播收入超过七成来自周鸿祎旗下的花椒。在花椒和六间房合并后，自 2018 年起，花椒的直播收入分别为 19.76 亿元、21.66 亿元、28.26 亿元，占整个花房集团直播收入的 99.2%、76.5%、76.7%。

同时，花椒与六间房业务存在高度相似性，导致内容重合度过高，严重影响了用户的使用体验；此外，30% 的行业最低水准抽佣也让平台利润率面临新的挑战。

为了积极开拓海外市场，花房集团收购 HOLLA Group 增加第二增长曲线。在海外 facebook、YouTube 强敌环伺的情况下，HOLLA Group 实现了 MAU540 万的成绩，并完成了 8530 万的注册用户，在海外短视频领域站稳了脚跟。

映客

映客的创立是个例外，或者说大多数人都没有想到其创始人是一个宅男。

奉佑生，A8 音乐网的第一位工程师，离职创业做了映客——针对留学生的音频直播产品。这一年是 2015 年，是千播大战元年，同时也是直播领域热钱最多的一年。

2015 年 5 月份，映客正式推向市场，主打"秒开"功能。秒开，顾名思义，就是让用户在 1 秒钟打开 APP，并且实现 1 秒 24 帧的美颜处理速度，让主播出镜的时候减少顾虑，能够把最好的一面呈现给观众。

2015 年手机的 CPU 还很差，要想实现 1 秒 24 帧的美颜处理速度，让每一个人直播的时候看起来又美又帅、自信心爆棚，这对技术的要求是很高的。

——奉佑生

于是在奉佑生的主导下，映客购买了全网第一套基于移动端的视频美颜技术。"你丑你先睡，我美我直播"的宣传语，让映客一瞬间火爆大江南北，这也成为发朋友圈时许多人争相采用的文案。仅仅一条广告语，就为映客带来百万级的新注册用户。就是通过这样小小的动作，映客把都市时尚群体拉进直播间，积累了最重要且最活跃的用户群体，从而在千播大战中凭借美颜的优势活了下来。

在营销方面，奉佑生也充分利用年轻人的消费心理，先把女生拉进 APP，再带动相关人群进行关注，从而保证平台的良性正循环。于是，在对外宣传的时候，映客将自身定位为：让年轻女性喜欢的时尚直播平台。

恰逢赶上 2016 年奥运会，映客一口气签约了 20 多位运动员，期望其中某位夺冠。虽然这些运动员都没有夺冠，但映客的运气非常好，傅园慧的表情包成为映客最大的行走广告。之后傅园慧在映客的直播，让映客一度高居热搜榜。

半年之后，映客即实现 DAU1000 万的好成绩，远远甩开了同类型 APP。

在一众平台都在主打明星入驻，从而吸引明星粉丝入驻带动流量的时候，映客偏偏反其道而行之：奉佑生坚持网红达人的成长计划，陪伴网红从小达人变成头部达人，这在当时是非常另类的。或许正因为映客让更多年轻人看到机会，这些年轻人纷纷在映客注册账号变身达人，希望能有粉丝过百万爆火的时候。

在主播工资月结的时代，映客首创的日结算机制，也为映客日后留存主播提供了很强的竞争力。

从玩法来说，映客为抖音、快手的成长提供了很多可供借鉴的经验，给主播提供的爆火可能性也成为抖音主播前仆后继的诱饵。

17 直播

17 直播是台湾艺人黄立成、黄立行创立的平台，主打"短视频 + 直播"。

如果说之前的直播，主播是依靠广告和榜一大哥打赏获得收入，那么 17 直播的出现为主播带来新的收入方式——与平台分成。主播可以凭借直播时长、直播任务获得平台方的费用；平台方则通过这种机制让主播更具积极性，从而带动平台的繁荣。这一机制也让短视频内容平台在平台、主播、用户之间达成了一种平衡。

17 直播是最早尝试提升主播积极性的平台，后其因为内容缺乏严肃性，被强制下架。但 17 直播所创立的平台分成机制并没有消失，而是被后续直播平台优化。同时，17 直播也让众多投资方看到了直播平台的影响力，由此将直播领域的融资竞争推向新的高潮。

YY

YY 最大的教训是忽略了设备的进化，由于依赖 PC 端的强大功能，YY 对移动端的挖掘是不够的，没有注意到移动设备的更新迭代，此时手机镜头已经满足了随时开播的条件。

——陈洲

YY 的定位是：才艺表演 + 娱乐 + 社交。其中才艺表演是主线，在 YY 之后的发展路径中，才艺表演一直是 YY 的主打内容，且没有变动。

也就是说，主播在这场变革中是非常重要的。YY 在为网红达人提供巨大变现机会的同时，也面临着巨大风险。为了防止网红达人跳转引起不必要的麻烦，YY 积极与直播公会协商，最终协定出第一入驻单位的办法。如果该主播由 A 直播公会孵化，那么该账号归属 A 直播公会，网红达人离职需要交出所有的平台账号，同时赔付巨额违约金。也是从 YY 开始，主播的天价违约金出现，离奇的是某一头部主播转会甚至需要赔付上亿元违约金。

在一众平台中，YY 也是最先意识到主播对于平台的重要性的，为了留住主播，YY 尝试了各种方式，不管是用天价签约主播，还是用天价签约直播公会，YY 采用了一系列制度，如：主播不能擅自离开直播工会，禁止从事其他平台的兼职活动；直播公会不得擅自开除主播，签署排他协议等。YY 以明文的形式平衡各方之间的关系，争取实现综合效益最大化。

与映客很相似的是，YY 也不关注头部明星是否入驻，而是发掘具有特殊才艺的主播，利用平台的流量和直播公会的资源辅助其成长。在这一机制下，YY 培养了一批又一批具有才艺表演能力的网红达人。可惜的是，在合同到期后，大量的主播转投抖音、快手等短视频平台。

不签约明星的好处：一是减少了明星效应带来的伪平台粉丝，他们注册平台账号是因为追某一明星，而不是因为喜爱 YY，这类用户对 YY 来说是无意义的；二是提高了网红达人的迁移成本，因为这些网红达人都是靠 YY 流量扶持起来的，如果该网红达人想要跳转平台，首先要考虑的就是粉丝的流失；三是草根网红达人因为没有关系网，平台和直播公会便于管理。

YY 是典型的"起了个大早，赶了个晚集"，这和微视的处境是一样的。但和微视不同的是，YY 凭借一系列革新最终还是登上了末班车，并且在直播领域的探索中开创了很多先例。比如，直播公会就是 YY 率先应用在直播领域的，YY 还完善了直播公会与主播之间的分配方式和签约方式。虽然在以后的发展中，这种并不完善的机制导致了各种主播官司，但 YY 在这一方面所做出的巨大贡献依然值得肯定。

同时，YY 也让主播成了正式工种。主播不再作为一个兼职行业存在，在 YY，主播可以凭借完成各项任务获取劳动收入。得益于 YY 的革新与流量扶持，大量的主播翻身逆袭，实现了收入千万元的美梦。

伴随着直播的乍起乍落，短短两年的时间，直播行业就迎来了翻天覆地的变化。2017年陆续有几十家直播平台倒闭，将火热的娱乐直播火速推向地狱。

2017年，随着直播1.0告一段落，借助直播2.0的优势，抖音、快手、微视等短视频平台迅速崛起，短视频风口开始。而两年后，短视频平台也火速进入直播3.0时代——直播带货。

直播3.0时代——直播带货，移动端

2016年3月，本身拥有网红资源的蘑菇街率先上线视频直播功能，主打购物直播，试图构建一个"直播＋内容＋电商"的平台。作为二线电商平台的蘑菇街，有了极好的打一场漂亮的翻身仗的机会。首先，蘑菇街本身面向女性消费用户，广大女性消费群体让其拥有了发展直播电商的用户基础。其次，以做消费社区起家的蘑菇街，当时拥有众多网红资源，也方便走后续各大平台借助头部网红打开直播电商市场的路径。最重要的是，入局时间够早。可惜，蘑菇街起了个大早，赶了个晚集。（2013年也是蘑菇街率先尝试"种草"玩法，但出于各种原因，两年后蘑菇街被小红书取代。）

阿里巴巴虽然错过了直播1.0和直播2.0，但2016年创立的淘宝直播却让阿里巴巴直接登上了直播3.0的快车道，由娱乐直播一步跨越到直播带货。由于缺少前两次的积淀，淘宝直播在流量方面一直捉襟见肘，而在之后的较量中，该短板也成为淘宝直播挥之不去的阴影。

为了打响知名度，淘宝直播开启了启明星计划，让李佳琦等淘宝直播的主播去拍抖音，"oh mo god，买它"彻底让淘宝直播冲上了风口浪尖。从这里开始，直播带货的风口来了。

2017 年，不论是抖音还是快手，都还在短视频领域抢滩登陆，还在内容的打磨期，完全无暇顾及直播带货。

2018 年 1 月抖音 DAU 为 3000 万，同年 2 月为 7000 万，同年 6 月为 1.5 亿，同年 10 月达到 2 亿，而同年快手 DAU 为 1.6 亿。两家公司虽然都先后开通了橱窗（电商卖货窗口），但却并未将橱窗当作运营重点；再加上，淘宝的每条链接都会为抖音、快手带来分佣，大家各取所需，仍旧处于蜜月期——商家得到实惠，淘宝获得新流量来源，抖音、快手得到佣金分成。

2016—2018 年，淘宝直播一家在唱独角戏，先后催生了张大奕、雪梨等早期带货主播。

2019 年，快手 GMV（商品交易总额）956 亿元，来自淘宝的占比 37%、有赞 18%、魔筷 16%、拼多多 16%、京东 11%，而快手小店仅占可怜的 5%。

同年，抖音 GMV400 亿元，成交几乎全部来自淘系平台等外链。

2020 年前后，抖音、快手先后关闭第三方外链，大力发展自营商城；同年，以淘宝直播、抖音直播、快手直播为代表的三大直播带货平台格局形成。

罗永浩 3 场直播实现 1.7 亿元 GMV，薇娅、李佳琦实现百亿元 GMV，一次次刷新直播间带货数据，让越来越多的商家看到直播带货的潜力，纷纷加足马力，跑步进入直播带货赛道。

各地方的市长、县长等政府领导班子也纷纷参与到直播带货的队伍当中，当起了县域乡村振兴的排头兵。

"直播带货""直播间""直播卖房""直播卖车""直播卖火箭"频频登录各大平台热搜榜，一种新的购物方式来临。

第四章

抖音成长史

中国移动短视频行业萌芽于 2011—2013 年，中国最早的短视频产品有微视、秒拍、美拍、快手等。

2014—2015 年，这段时间是中国的 4G 网络建设阶段，中国开始逐渐进入 4G 移动互联网时代。

2016—2017 年是短视频行业的爆发期，这个时期 4G 初步建设完成，众多短视频 APP 开始争相浮现，其中就包括抖音。这个时期是短视频领域的诸侯混战期。

2018 年至今，短视频行业进入成熟期，格局逐渐稳定，抖音和快手成为市场头部平台，确立市场的两强格局，其他产品例如腾讯的微视，百度系的好看视频、全民小视频等也占据了一定的市场份额。

2020 年微信视频号上线，成为仅次于两强的存在。同样从 2020 年开始，短视频和直播行业的联系越来越深，最终和秀场直播、游戏直播相生相杀。

短视频具有播放时间短、拍摄门槛低、传播速度快、兼具娱乐性和文化性等特点，继文字、图片、音乐之后，成为移动互联网的新风口。相较于文字、图片，短视频能更直观地展现人的状态和感受，调动用户的情绪价值。尤其是随着 4G 网络的普及，相比静态的图文，用户更喜欢以动态形式呈现的视频。之后，5G 网络的推出，进一步催熟了短视频产品。

据艾瑞咨询的数据，全球音视频社交娱乐市场规模由 2016 年的 2730 亿元增至 2020 年的 11740 亿元，年复合增长率高达 44%。

2015 年的短视频行业已经有了大批参与者，已经不是纯蓝海市场，甚至有些公司已经占据领跑的位置。这与字节跳动创立今日头条时期是完全不一样的，这时短视频赛道压力巨大。

我们一起来回顾一下视频领域的选手。

美拍，2014 年 5 月份上线，是隶属于美图秀秀（中国最大的照片编辑 APP，在中国，平均每 7 个人中就有 1 个是美图秀秀的忠实用户）的短视频应用程序。美拍定位年轻人，主打 10 秒 MV 特效，通过微博和微信进行分享。借助美图积攒的强大用户群体和流量势能，美拍上线当天就登录 APP store 免费榜第一，同年 12 月份获得"年度精选 APP"称号。2015 年 1 月份，美拍用户总数突破 1 亿。之后美拍不断完善短视频拍摄和录制的产品功能，形成以美妆、搞笑、美食、健身为核心标签的垂直圈层。

微视，2013 年成立，早期定位 UGC 分享社区。作为腾讯的亲儿子，微视依托腾讯的流量矩阵源源不断地获得新用户。同时，为了给微视造势，腾讯将当时大力推出的原创节目——《微视好声音》（同时也是《中国好声音》官方独家招募平台），也内嵌在微视页面中。

秒拍，新浪微博投资孵化的 UGC 分享社区，内置于新浪微博 APP，在四年时间内充当了新浪微博的短视频窗口。因新浪微博自身具备媒体属性，以及各大 V 站台的名人效应，秒拍在短时间内便拥有了非常大的影响力。毕竟明星在哪里，粉丝就去哪里。后来，新浪微博与一下科技分道扬镳，推出了爱动小视频。

爱动小视频，新浪微博的"亲儿子"，新浪微博借此进一步加强自身流量的覆盖范围。无论是从界面还是从内容看，爱动小视频都像极了抖音和微视的混合体。在玩法上，亦与抖音非常相似，二者都采用音乐伴奏＋表演的形式。但不同的是，爱动小视频上线了跟拍和弹幕功能，内容还能被一键同步到新浪微博。

快手，2011年成立，早期做GIF的社区，名为GIF快手。之后程一笑和宿华相识，快手转型做短视频社交，并在2014年更名为现有名称，2015年用户数破亿。

梨视频，成立于2016年，由传统新闻媒体人共同创业打造，定位为主打资讯阅读的短视频产品。梨视频大部分视频时长在30秒到3分钟之间。因超强的团队背景和商业媒体的加持，梨视频两年内实现近10亿元融资，一直狂奔在短视频战场的一线。

好看视频，百度旗下短视频平台，成立于2017年。先后与各大创作工作室展开合作，推出《你的生活好好看》《有点好看》等原创内容。百度一出手就不凡，2021年通过"轻知计划"，邀请了100位名家、1000位行家共同开启泛知识创作。

随刻，爱奇艺旗下短视频平台，2020年上线，主打PUGC内容。

土豆视频，阿里巴巴旗下短视频平台。2005年成立的土豆网在2016年全部阿里化，成为阿里巴巴生态公司。随着短视频风口越来越强，2017年3月31日土豆视频全面转型为短视频平台，全力进击PUGC领域，定位slogan：只要时刻有趣着（原slogan为"每个人都是生活的导演"）。同一天，原UC订阅号、优酷自媒体频道账号统一升级为"大鱼号"，让内容创作者通行于阿里巴巴文娱平台，一点接入、多点分发，获得多平台的流量支持。同时，阿里巴巴投入20亿元现金打造"大鱼计划"，召唤"全球大鱼合伙人"。

而在当时，几乎所有的短视频平台都面临一个巨大的商业模式问题，就是内容创作的来源，没有持续性内容的平台就像是水源没有泉眼，总会有枯竭的一天。于是，各大平台绞尽脑汁地互相挖墙脚，只为笼络更多的内容创作者。今天我们看内容越来越精美，而在当时，对于平台来说，只要有内容创作者就行。所以当回过头看之前的各种鬼畜视频和画面模糊的视频，我们的第一反应就是：low。

当然，其他平台遇到的问题，字节跳动都一个不落地碰到了。今日头条在早期发展过程中，可以链接其他网站获得相关内容，但短视频时代可并没有那么多好内容供链接。不过，好在今日头条时期的头条号，已经为字节跳动积累了一批以内容创作为主营业务的创作者。他们是字节跳动最有力的护城河，但如何把他们吸引到短视频领域呢？

虽然字节跳动在 2015 年年会上确定了短视频战略，但具体怎么做，从什么方向切入，还没有明确界定。于是，"数据中台 + 主题方向 +APP 壳子"又成为字节跳动在短视频领域的大杀器。为防止赘述，这里就不做过多介绍了，读者朋友可以回顾第二章相关内容。

> 在接下来的 12 个月里，我们将向短视频创作者提供至少 10 亿元的补贴。
>
> ——张一鸣

2016 年 9 月，字节跳动推出了抖音 APP（当时还不叫抖音）。抖音打法和今日头条、内涵段子一样，只是将之前的图文内容通过短视频的形式呈现。只用了两年，抖音的用户数量就已经达到了今日头条的级别。

说到抖音，就不得不说到抖音的创始人张楠——现任抖音集团首席执行官。2013 年，张楠创业做图片社区 APP，后公司被字节跳动收购。张楠带领团队加入，开始负责字节跳动的 UGC 业务。当时字节跳动还以今日头条为主打产品，而在 2016 年之后，张楠与抖音相伴，从 0 到 1，一直到抖音变成一个集团。

A. me

一切准备就绪，战役正式打响。

字节跳动的惯用战术是：通过群狼战术，高效地进行项目运转，最终在一次次的对抗中获胜。就比如 2012 年字节跳动刚成立时，字节跳动上架了 13 个 APP，最终只有今日头条和内涵段子跑出来并获得快速成长，甚至很多 APP 人们还没来得及知道它们的名字，它们就已经下架了。这次，在短视频领域同样如此。

2016 年，字节跳动正式启动短视频项目，同时启动多条短视频业务线。

西瓜视频模仿全球在线视频的领跑者 YouTube，火山小视频模仿中国短视频领域的领跑者快手，A.me 模仿西方最受年轻人喜爱的 musical.ly。

YouTube 拥有较强的内容创作力，内容以中长视频为主，但当时在国内并没有成功经验，所以西瓜视频相对而言未受重视。只不过，YouTube 毕竟是世界上最领先的在线视频 APP，模仿 YouTube 起码是一个机会。

在刚开始，火山小视频的数据是最好的，于是在 8 月份的时候率先推出独立 APP，两个月后接入今日头条的算法系统。既有流量增长优势，又有已被市场验证的可行性，火山小视频被选为公司的主推产品，各种流量和资源都为火山小视频的增长叠加 buff。

而对于 A.me，由于 A.me 模仿的是海外软件，虽然是年轻人最喜欢的，但由于风土人情和地域文化的差异，字节跳动高层刚开始也没有特别看好这个项目，只是尝试而已，更看好的还是火山小视频。最有趣的是，刚开始时，A.me 只有不到 10 位员工，这些人中有刚毕业的大学生，有不懂互联网的职场人，也有还未毕业的实习生，为了优化产品，他们出入大学，混迹在主播聚集的地方，只是为了获得用户的第一反馈，之后再根据用户反馈进行相应调整。为了刺激创作者在平台创作发布内容的积极性，他们会时常准备各种零食和礼品，给积极的创作者赠送；同时为了增加创作者的自发参与性，让平台更活跃，他们会上架各种榜单。这时的 A.me 就像一个看不到方向的沙漠旅途人，处处试错，处处看不到方向。

抖音冷启动

创业就像练功一样，第一步要练内功，但互联网的出现好像让一切都变得不一样了。互联网赛道的创业公司讲究"天下武功，唯快不破"，大家拼命地融资，一轮接一轮地烧钱换增长。支撑公司成长的第一推动力就是融资。对于一家互联网公司来说，要是半年内没有打开北上广深市场，都不好意思谈执行，说自己是创业公司。而抖音最大的优势就是先慢后快，将内功优化到极致，推出即巅峰。

为了体现音乐的重要性，主动与用户走在一起，2016 年 12 月份，A.me 将名字改为"抖音"，让用户听到后产生的第一反应是，抖音是音乐潮流社区。

同时将颜色设定为黑色系，一种更符合年轻人喜好的潮流色彩，在一众 APP 中树立强烈的色差感。

logo 的设计灵感则来自音乐会，设计团队将五线谱符号融入其中，让用户更直观地感受到音乐的魅力。到今天为止，抖音依然把声音当作内容第一生产力。

同时，为了营造良好的用户体验，抖音也针对 APP 页面进行了深度优化，运用超强的心理学原理，尽可能让用户变得对时间无感。

抖音打造了一种沉浸式的体验，在抖音 APP 中，黑色系占据着整个屏幕，用户几乎不会受任何外来因素的干扰，只有收到微信或者 QQ 消息时，屏幕右上角才会出现一个小图标。当屏蔽掉其他 APP 时，你会发现抖音就像是一个沉浸式的影院，没有任何多余的展示，短视频内容占据整个屏幕，身处其中没有人打扰。于是，就有人吐槽，"抖音 5 分钟，人间 2 小时"。

在音乐一遍一遍的重复中，耳朵会逐渐变得麻木，会渐渐感觉一切音乐都是好听的，产生巨大的过电错觉。而这时，已经不知在抖音沉溺了多长的时间。同时在身边人的带动下，会不自觉陷入 BGM 中，比如：《余生一个浪》《桃花运》《接着奏乐接着舞》……这些音乐本来都是正经音乐，但架不住强劲节奏和鬼畜剪辑，成功跑偏。

另外就是短视频内容的信息流化。当用户打开抖音观看一个视频后，只需动动手指即可进入下一个视频观看，一般下个视频和当前视频都是不同的。当你下定决心不再观看，关掉 APP 软件时，你对下一个视频强烈的好奇心促使你不断进行着重复的动作。这种情况在晚间床上的时候尤其明显，明明只想看 10 分钟就睡觉的，可一不留神就到了凌晨。

为了方便用户使用，在拍摄方面，抖音提供了各种炫酷的特效和美颜功能，每一位用户都可以无压力地使用抖音进行拍摄，这对于使用苹果手机拍摄的用户来说，简直就是福音，众所周知，苹果使用的是原相机。

为了调动用户的积极性，抖音也设计了一系列的互动玩法，比如对口型、跟着音乐 rap 等。当参与的用户越来越多的时候，整个平台的节奏感就来了，每个人都在极力地让自己排名更高，或者是获得更多的曝光。

社交方面也是抖音主要优化的一个方面，抖音实现了和其他公司 APP 的打通，用户可以一键将在抖音拍摄的好玩视频分享到其他软件，比如微博、朋友圈等。这里抖音加了一点点小小的不一样，所有对外分享的内容都是加了抖音水印的，这也为自身进一步增加了流量获取来源。

最后，字节跳动基于用户数据不断学习的推荐引擎也是屡试不爽的大杀器。当用户点开抖音 APP，哪怕只是观看了几段视频，抖音也会在后台进行自动学习并不断调整推荐机制。随着观看视频的数量增加，抖音的视频推荐越发准确，这就导致用户在抖音设置的心理圈中越发上瘾。

在做了一系列优化后，抖音的用户数据渐渐好转，并被用户所喜爱。在内部的赛马机制中，抖音的优势也越来越明显，不论是用户增长还是用户留存，资源这时才开始慢慢向其倾斜。

这也贯彻了字节跳动的一贯原则，刚开始把大家放在同一起跑线上，优先主推一个看看效果，后续再看各 APP 的成长情况，给到相应的资源。腾讯做微信时也采用了这样的策略，先进行内部赛马，淘汰掉不是很优秀的马匹，让优质的马匹强强结合，之后让其在市场狂奔。因为在内部已经进行过多次竞争，这时留存下来的大多是已经被验证过的产品，这样的产品自然会取得不错的成绩。

当然，只有好的内容才会让用户更持久地留下来。抖音早期员工为了改善平台的内容质量，与各大院校的学生会、校园团体展开合作，吸引更多年轻靓丽的创作者在抖音进行创作。学生群体的年轻活力、知识素养，让抖音的内容成了一些用户的精神食粮。

新的人群、新的关系都是新的差别点。在新的领域里争取到年轻用户的支持是最为关键的，因为年纪大的人容易被旧事物束缚，几乎所有新的应用、新的突破都是由年轻人来主导的，而这些新的应用、新的突破往往代表着更高的效率和更充分的自我表达。

快速扩张

2017 年 3 月，是抖音重大的转折点。"喊话岳云鹏"彻底让抖音在社交圈、媒体圈火了。

3 月 13 日，岳云鹏发微博：

> 这是我见过最像的，这位大哥还是大嫂，请你联系我好吗？（短视频内容是：一位长相酷似岳云鹏的用户在抖音模仿岳云鹏。）

因微博巨大的头部效应加持，加上岳云鹏自身的知名度，该微博立即吸引来了大量微博用户评论，并被炒上热搜。在中国，永远不缺刨根问底的人士，立马就有好奇者顺着内容来源查询，抖音的关注度突然爆发。为了进一步推高热度，抖音工作人员疯狂 @ 岳云鹏。这是抖音第一次出现在公众视野，也是这一次让抖音团队看到了巨大的机会点。

大 V 的互动让抖音吃到了巨大的流量红利和网络效应复利，为了进一步加大影响力，抖音开始了"大力出奇迹"。2017 年，抖音先后进行海陆空三方面的打击。

空中：无差别覆盖

2017 年 4 月，胡彦斌携新歌《没有选择》出现在抖音 APP，大量胡彦斌粉丝慕名而来，当红歌手开始在抖音积累粉丝。在歌手圈中，胡彦斌可以称得上对自己最狠的人，他的歌很少有人翻唱，甚至胡彦斌本人也透露过难唱。我们通过一件小事来说明胡彦斌到底有多厉害。从 2007 年开始，《月光》就一直是《秦时明月》动漫的主题曲，制作方曾经想把主题曲《月光》换了，结果因此招致观众不满，只得将主题曲重新换成《月光》，于是这首主题曲就从 2007 年一直延续到今天，在众多《秦时明月》漫迷的心中留下"流水的片尾，铁打的《月光》"的印象。动漫《秦时明月》陪伴着 90 后的青春，《月光》则是《秦时明月》的灵魂。抖音又精准抓住了一拨人群。（胡彦斌的厉害之处在于，他的歌曲都是特定的，只有在特定场景中听才会感受到歌曲的情感，比如《少年杨家将》主题曲《诀别诗》，九曲回肠，表达了爱恨情仇。）

2017 年 7 月，鹿晗携新歌《零界点》在抖音进行首发，年轻迷妹一瞬间涌入抖音预约观看。

2017 年 8 月，抖音与大张伟合作，共同推出全新单曲《不服来抖》，魔性又洗脑的歌词伴随着大张伟 punk（朋克）和 future bass（一种电子舞曲风格）风格，《不服来抖》一时间成为网络神曲。上线 1 天，这首欢脱魔性的神曲就冲到了 QQ 音乐巅峰人气榜第一位。2 天的时间，这首歌已经在网易云音乐收获近 2 万条评论。抖音同时加强舆论造势，先后在微博等社交媒体引起轰动。为了增强用户的参与度，抖音在对口型的基础上又延伸出"一起跳舞"等新玩法。抖音通过大张伟，把潮流酷炫的人集中在一起，继续开拓用户和深化标签。而 2017 年这段时间，抖音的定位就是潮流酷炫，该类的账号也会天然获得流量倾斜。

截止到 2019 年，已经有 600 多位明星入驻抖音，如薛之谦、陈赫等，并在抖音与用户产生互动。

2020 年，这一数字就变成了 3000 多位，几乎所有的当红流量艺人全都选择了入驻抖音。其中赵丽颖入驻抖音并任"美好生活记录官"，而在赵丽颖正式入驻抖音之前，在抖音搜索"赵丽颖"关键词，相关联的视频就已经达到 27.2 万个，播放量达 176.7 亿次。

2022 年 5 月，孙燕姿在抖音出镜首秀 16 分钟点赞就破亿次，1 小时点赞就达 6 亿次。

2022 年 9 月刘德华在抖音开演唱会，3.5 亿观看人数刷新纪录。

抖音用一次次的创新和实力，成为内容扩散的绝佳场所。除了明星的站台，抖音也积极进行综艺植入，继续增强抖音的曝光，吸引更多年轻人入驻。

2017年6月，抖音赞助《中国有嘻哈》，进一步夯实其在音乐内容战场的根基。因为流量艺人的加入，该综艺节目一开始就冲进了音乐类节目的榜单。这类节目的收视人群主要是未进入职场的年轻人，他们有足够的时间来为喜欢的爱豆打榜，也有足够的时间来追星。

对于所有品牌方和平台方来说，《快乐大本营》都是志在必得的，不论是腾讯系还是阿里系的互联网大厂，都曾在《快乐大本营》投入大量营销费用。2017年8月，抖音携重金赞助《快乐大本营》。可以这么说，从2017年3月份开始，一直到2018年上半年，湖南卫视的高收视率节目几乎都被抖音赞助了一遍，这也为抖音带来了巨大的流量回报，每月千万级的新增用户量。据说，当时抖音的营销费用夸张到能让竞对主动放弃赞助湖南卫视节目。

在看到赞助综艺节目的巨大回报后，抖音继续加大投入，先后赞助了《明星大侦探》《演员的诞生》《最强大脑》《这就是街舞》《天天向上》等一系列当红流量节目，这已经不单单是精准打击，对于特定人群来说，抖音已经实现了饱和式覆盖。

签约明星、赞助综艺能够帮抖音圈定特定人群。签约出道较早的明星，能唤起70后、80后的回忆；签约出道相对晚些的明星，能引发90后、00后的兴趣。赞助综艺节目，则是对未入职场年轻人的饱和式攻击。过于年轻化的标签是抖音快速增长的长板，但也是制约性短板，为了继续扩大人群标签，抖音将竞争的战火烧到了覆盖人群最广的综艺——中央电视台《春节联欢晚会》（以下简称春晚），其受众超过11亿人。

不论是否喜欢春晚的节目，只要是华夏儿女，在过年的几天都会有意无意地看一会儿春晚。对于国人来说，没有春晚的年，总觉得少点什么东西。而春晚作为悠久的节目，在互联网日新月异的今天，也在积极求变，让自己变得新潮。20世纪80年代的"老三样"，20世纪90年代的海尔、美的等家电，2000

年开始的酒品牌（国窖、茅台、五粮液）……而当下，互联网与春晚的结合则显得相得益彰，而结果也确如想象中的一般：互联网公司通过春晚增加曝光并获得新的用户；春晚在获得互联网公司赞助的同时，推出新玩法——比如看春晚，抢红包活动——留存观众。

2015年，春晚首次引进互联网新媒体互动的创意，微信"摇一摇"一夜之间席卷全国。根据微信官方披露数据：2015年春晚直播的近5小时内，微信发出红包总量达到10.1亿个，是2014年的60余倍；截至2015年5月，微信零钱的用户数达到3亿，占微信MAU的54.6%；微信通过"摇一摇"红包的活动，让用户绑定了2亿张银行卡。也就是说，微信支付通过与春晚合作，一夜时间就逆转了支付宝12年营造的局面，这一事件被马云誉为"移动支付领域的偷袭珍珠港"。

2016—2017年，支付宝迅速跟进，成为春晚独家互动合作伙伴，通过"集五福"活动引发强烈关注度。通过春晚，支付宝也实现了社交领域的跨越，成功收获了11亿对好友关系。或许是对微信支付2015年的春晚活动心有余悸，支付宝连续两年拿下合作，夯实支付宝支付业务的基础。

2018年，淘宝通过亲情账号等方式带来春晚互动新玩法，直接收获了比2017年双11高15倍的流量。在连续两年投入支付业务之后，阿里巴巴继续夯实主营业务根基，加强电商业务的交易量和用户数。

2019年，百度用9亿元的红包夺下冠名头衔，实现了208亿次互动，其APP当天的DAU从1.6亿冲上3亿。

2019年，抖音也赞助了春晚，成为春晚独家社交媒体传播平台，与央视联合发起"幸福又一年"主题活动，向全国人民传递新春祝福，同时推出拍短视频拜年及"牛年大吉""好运剪纸"等50多款具有节日气息的玩法。据统计，2019年除夕当晚，抖音的春节主题特效被拍摄超过2000万次，在抖音上春晚挑战视频播放总量突破了247亿次。此外，抖音发布的《2019春节大数据报告》显示，2019年春节期间，多人合拍视频的数量增长了43%，三、四线城市视频打卡量环比上涨了 117%。

2020 年，快手成为春晚独家互动合作伙伴，也是首家牵手春晚红包项目的短视频平台。快手在除夕当晚发放了 10 亿元现金红包，这成为春晚史上现金红包投入规模之最。而快手在春晚期间取得的收获也是巨大的，快手春晚直播间吸引了 7.8 亿人次的累计观看量，快手参与春晚红包互动的总量突破了 639 亿次，创下春晚历史上的最大视频点赞纪录，快手将自身流量拉升了 18 倍，同时 DAU 破 3 亿。

2021 年，抖音成为 2021 年春晚独家红包互动合作伙伴。在除夕当晚，抖音在春晚直播期间发出 1 亿元红包，用户在观看春晚时，依据主持人的口令打开抖音操作即可获得红包。与此同时，抖音、今日头条、西瓜视频也全程直播了春晚。这是继 2019 年春晚后，抖音第二次登上春晚。

2022 年春晚由京东独家冠名赞助，春节期间，京东发放了总值 15 亿元的红包和实物。

在春晚，每家平台都积极参与，以期占据中国最大的曝光渠道，并且为了增强复合覆盖能力，各平台也没有忽视地方性春晚的作用，纷纷投入战场。

2018 年抖音赞助湖南卫视小年春晚。湖南卫视的 slogan 是"青春中国"，在所有的地方卫视中，湖南卫视是最懂年轻人的。不论是曾经的常青树节目《快乐大本营》《天天向上》，还是《明星大侦探》《向往的生活》，每一期节目都会在年轻人群中引起一阵骚动。《快乐大本营》牢牢占据着年轻女性的心；《向往的生活》更是精准切入了都市年轻人的生活方式，粉丝在节目中能够跟随他们喜爱的明星，参与到乡村生活中。

同时，在所有的电视台中，湖南卫视还是收视率最高的。一句话概括，湖南卫视的人群画像和抖音想要的人群画像十分一致。

此外，湖南卫视还有自己的视频在线 APP——芒果 TV，2018 年时芒果 TV 的 MAU 约为 8000 万。抖音赞助湖南卫视，除了可以获得精准的人群，还能够借助芒果 TV 再做一波线上宣传——当然，不仅仅是一款节目。

2018 年，抖音赞助江苏卫视春晚，之后接连赞助浙江卫视等地方性高收视率频道。

电视台收视率 top10（截止到 2022 年 12 月份）

1. 湖南卫视，收视率 0.265%，市场份额 3.63%。

2. 江苏卫视，收视率 0.256%，市场份额 3.5%。

3. 浙江卫视，收视率 0.22%，市场份额 3.01%。

4. 东方卫视，收视率 0.168%，市场份额 2.3%。

5. 北京卫视，收视率 0.118%，市场份额 1.61%。

6. 广东卫视，收视率 0.111%，市场份额 1.52%。

7. 深圳卫视，收视率 0.08%，市场份额 1.21%。

8. 湖南电视台金鹰卡通频道，收视率 0.073%，市场份额 1%。

9. 安徽卫视，收视率 0.069%，市场份额 0.94%。

10. 天津卫视，收视率 0.065%，市场份额 0.89%。

陆地：大量举办线下活动，招募草根达人

抖音"遇见城市"系列，影响力最大的当属"抖音遇见西安"。西安是历史非常悠久的城市，在中国八大古都中榜上有名，可十三朝的古都、3000 多年的历史都不足以让西安成为网红城市，而抖音却让西安一夜爆火。日摔 2 万只碗的摔碗酒、灯光璀璨的大唐不夜城、诗情画意的毛笔酥……2018 年的城市地标一定是西安，随随便便一个视频，点赞量几乎都可以达到 100 万 +。在这里，还有堪比苏州的精致园林、挑战上海的朋克摇滚、叫板北京的古色古香……还有雪后变身"长安"的风情万种。西安是在抖音上第一批爆火的古老都城之一，也

是瞬间涌入百万游客的旅游新星。

同时，为了持续丰富抖音平台的内容，抖音继续加强对素人、达人的招募。相对于明星来说，他们更接地气，同时他们更能贴近生活创作出源源不断的内容，毕竟"艺术来源于生活"。和当初 YY 开展达人培养的想法相似，明星和头部达人因为自身的流量效应，可以选择不同的平台；但素人因为成长周期长，粉丝积累难度高等，一旦选择某平台，再跳转的可能性就会降低。而源源不断的素人达人又能够为抖音带来更多的优质内容，从而实现创作者增加—内容增加—用户增加—创作者增加的正循环。

深挖优秀 MCN（短视频机构），加强与 MCN 的合作。当达到一定规模的时候，平台是很难做到面面俱到的，达人的增加虽然为抖音带来了内容增量的好处，但也给抖音带来了巨大的管理难度。为了平衡平台与达人的关系，抖音大力扶持 MCN，让 MCN 来管理达人，抖音和 MCN 进行合作分佣即可，从而缓解了巨大的运营压力。

海上：优化平台玩法

好的内容让用户停留，但如果用户只是停留观看，就还是很容易流失。只有让用户主动参与进来，才会产生更强的化学反应，互动——成为各平台的新阵地。

"贴纸玩法"，在所有的互联网玩法中，是比较成熟的，在抖音几乎可以找到各种新奇、搞笑的贴纸。为了增强互动的逼真性，抖音还运用 AI 技术进一步对人物动作进行模拟，增强体验感。

"灵魂出窍"，即借助一些剪辑工具，使视频中出现自己的虚影，再配上不同的音乐和色彩，会产生各种想要的效果。

"AI 换脸"——对于很多人来说，想要满足演员梦、明星梦，这时候找某位明星图片进行一键换脸就好了。这也催生了一系列的 AI 服务公司。

"恶魔装束"，这是专门为特定节日打造的玩法。为了营造节日氛围，增强热闹属性，抖音与影视剧中的恶魔装束进行结合，打造了新玩法。

"传送门"——人人都幻想着穿越，想要穿越到古代，穿越到未来。在抖音，会有传送门的玩法，只要穿过去就可以回到过去或者去到未来。

在抖音，平台会提供各种新奇、有趣的玩法来与用户互动，用户也可以通过完成任务获得奖励，由此实现平台高质量的内容的有序运转。

在多阵地、多内容的加持下，抖音在 2017 年 3 月份开始迅速爆发。岳云鹏在微博里转发带动节奏，抖音迎来了第一波增长。2017 年 7 月，鹿晗新歌《零界点》登陆抖音，抖音开始进入第二阶段的快速增长。截止到 2017 年 9 月份，抖音 85% 的用户在 24 岁以下，主力达人和用户基本上都是 95 后，甚至是 00 后。这与抖音刚开始的定位非常匹配，抖音几乎超预期地实现了想要的市场结果。而在此后的 5 个月中，恰逢新年到来，抖音用户量实现了 4000 万新增用户的第三轮快速增长，并迅速突破 1 亿。对于抖音来说，2017 年几乎是生死局，而在 2018 年年底，抖音的胜局几乎已经被锁定。

从 2018 年下半年开始，抖音不论是在内容质量上还是在 DAU 上，都渐渐逼近快手。2018 年 6 月，抖音 DAU1.5 亿，MAU3 亿，成为仅次于快手的内容平台。（这时快手的 DAU 在 1.6 亿左右，2018 年年底的时候达到近 2 亿。）

2018 年抖音全新升级，将 slogan 调整为"记录美好生活"。抖音向上，继续深耕一、二线城市的都市白领等人群；快手向下，深耕三、四、五线城市，探寻人间烟火气。

2020 年，北快手、南抖音的市场格局形成。

在全面互联网化之后，几乎我们所有的需求都可以通过在线操作完成。比如点外卖用饿了么，旅游用飞猪，出行用滴滴，听音乐用网易云音乐……互联网提供了前所未有的方便。同样地，抖音解决了快速短视频的需求，并牢牢占据市场。

由于抖音本身的巨大成功，抖音也从一个动词变成了名词，就像"谷歌""百度"代替了搜索，"Uber""滴滴"代替了打车，"阿里巴巴"代替了"电商"，"微信"代替了"社交"，而"抖音"则代替了"短视频"。

抖音商业化

好的产品，只有在规模与效益相统一的时候，才能获得持久的增长。今日头条实践出来的商业化模型同样可以在抖音上实践，发生变化的只是内容表达形式。借助抖音巨大的活跃流量，2017年9月21日，抖音与airbnb、哈尔滨啤酒、雪佛兰展开合作，正式奠定了早期赢利方式——信息流广告——的基础。

之后抖音先后与阿玛尼、奥迪等一线品牌建立合作，抖音的商业帝国渐渐成形。在大品牌的加持下，抖音的信息流广告也越发丰富。2021年，抖音的广告收入是2100亿元，与之形成鲜明对比的是，腾讯的广告收入是800亿元左右。

据第三方机构QuestMobile发布的《2022全景生态年度报告》，2022年1月至10月，抖音、微信（朋友圈）、快手、今日头条、百度、微博APP位居互联网广告收入占比top6，其中抖音占比28.4%，快手占比12.6%——即将赶超微信（朋友圈）的13%，短视频广告逐渐成为主流。

为了继续深入电商领域市场，抖音先后试水抖音小店、鲁班电商、抖音电商等一系列商业玩法。

如今，抖音的用户数和用户使用时长已经超过了今日头条，成为又一款现象级的产品，甚至有挑战微信的潜力。如果只是从用户时长角度来说，字节跳动已然成为最大的APP工厂。

抖音现在的内容生态位

对于一家内容型平台来说，如果只做单纯的内容分发渠道，则很容易被取代，只有自己有内容造血能力，才能在愈演愈烈的内容战场中生存。

抖音，起家于内容分发，仅用三年时间就成长为短视频领域的领头羊，并拥有和长视频平台叫板的资格。所有的长视频平台发展到一定程度都会陷入内容沙漠，因此，所有的长视频平台最终都会踏上内容自制的道路，抖音也不例外。《魔王在下》是抖音短剧自制频道的杰出代表。

抖音晚会＆综艺新布局（部分）

自 2021 年开始，抖音疯狂地举办各种晚会和内容专场，每一场都致力于捧红一些达人和宣导一种方向。据不完全统计，仅 2022 年，抖音官方就举办了近 200 场活动，同比 2021 年增长 50%。除此之外，还有一个改变，有没有发现抖音仔仔正在变得越来越时尚？ IP 联名变得越来越多？

抖音就像是一个多面手，几乎每种生活方式都可以在上面找到，既是各种垃圾内容的推送者，又是各种优质内容的孵化器。比如"年味拯救计划"《嘿! 给福气开门》给过年增加了一些年味。在抖音，我们几乎走遍了祖国的大好河山，也看到了我们未曾接触的生活方式。

抖音综艺、晚会布局

《给你，我的新名片》 嘉宾是张艺兴、李冰冰等，总导演是《爸爸去哪儿》的总导演谢涤葵。

《点赞，达人秀》 由谢霆锋、邓紫棋、孟非、伊能静担当嘉宾，总导演是《中国达人秀》的总导演章骊和《我们的挑战》的总导演陈涤。

《很高兴认识你》　由周迅和阿雅担任发起人，与嘉宾共同探索不一样的人生解法，总导演是《奇遇人生》的导演赵琦。

《因为是朋友啊》　由容祖儿、蔡卓妍、钟欣僮担任嘉宾，总导演是《锋味》的总导演高伟恩。

《全力以赴的行动派》　城市探玩类综艺，嘉宾为黄明昊、哈妮克孜、梁靖康、秦霄贤、黄明昊。

《为歌而赞》　与浙江卫视联合打造的大型音乐类节目，嘉宾包括崔健、张韶涵、张信哲、张碧晨、凤凰传奇等。

"百川综艺季"　由抖音出品的一档多元综艺节目，覆盖音乐、喜剧、情感等多个细分垂类，通过爆款孵化机制，诞生6部不同内容的综艺节目，使其共同组成强阵容、强内容、强流量于一体的狂欢综艺季。

河南卫视小年夜春晚《奇遇新年夜》　在南方小年夜2023年1月15日播出，嘉宾有《这就是街舞》第一季总冠军韩宇、抖音千万粉丝达人小阿七等。

中央电视台《春节联欢晚会》　2023年除夕夜，用户可通过抖音观看春晚直播，并在春晚结束后观看2023年及历年春晚回放。

《新年启航夜》　2023年大年初五播出的新年特别晚会，嘉宾有杨迪、哈妮克孜、秦霄贤等。

《抖音华彩追月夜》　在2022年中秋节举办的中秋诗乐会。

《抖音直播年度嘉年华》　于2023年1月8日推出，嘉宾包括邓紫棋、李玉刚、王俊凯等。

《2022年终演唱会》　2022年12月28日举办，邀请李宇春、周深、郑钧、凤凰传奇等8位歌手，为观众带来一场音乐盛会。

《抖音美好奇妙夜》 抖音与浙江卫视共同推出的大型晚会，从 2018 年到 2020 年连续举办了三年。

"了不起的美·锦绣之夜" 由抖音直播与栩栩华生全内容集团联合打造，让所有观众一起观看明星们的红毯时刻。

抖音在公益事业上的活跃

2016 年 2 月，今日头条推出公益寻人项目，即"头条寻人"。

2018 年 7 月，抖音发布"向日葵计划"，增强内容审核力度，助力未成年人成长。

2018 年 7 月，今日头条推出"金稻穗计划"，支持"三农"创作。

2018 年 9 月，"抖音寻人"上线。

2018 年 11 月，抖音公益＆抖音生活服务发起"山里 DOU 是好风光"文旅扶贫项目，让更多乡村好风光被看得到、找得到、体验得到，助力乡村文旅产业发展，带动乡村经济，增加当地收入。截止到 2022 年 12 月，该项目已经走过全国 10 个省份，400 多个县域，帮扶了超过 2000 个商家，销售乡村文旅产品金额超 4 亿元。

2019 年 4 月，"非遗合伙人"计划上线，该计划致力于拯救即将失传的传统手工艺，让优秀的中国传统文化被更多人看到。

2020 年 1 月，字节跳动向中国红十字基金会捐赠 2 亿元。

抖音与中国传统文化

为了保护中国文化，抖音也以公益的形式将音乐、舞蹈等搬到了台前。

"DOU 有国乐"计划带来的直接效果非常显著，2022 年就有上百家专业院团贡献了 6000 余场表演。

2022 年，抖音与民族传统文化传承项目办公室共同发起"舞蹈传承"计划，仅 2022 年上半年，就号召了 4 万名舞蹈主播带来了 505 万场线上演出，极大地宣传了剑舞、苗族舞、扇舞、藏族舞蹈等中华艺术。

抖音文创与故宫合作推出《故宫处暑时》，让观众跟随专业人士聆听古人的消暑方法，探秘故宫，让更多文物古迹活跃起来。

抖音文创出品纪录片，让沉睡的手工艺制作焕发新生。抖音文创不仅仅记录，还积极参与到实践中，与非遗木版年画传承人马习钦联合制作抖音文创新春礼盒年画，让传统手艺融入现代设计之中，用木板刻下对新春的期待。

抖音与河南卫视联合打造抖音新春戏曲专场晚会《梨园又一春》，将地方卫视与自媒体平台绑定，实现内容和流量的融合。

抖音知识开发的《大家聊唐诗》，让具有哲学意味的诗词变得活灵活现，生动展现了什么叫一首唐诗就是一段故事。

抖音不仅加强对传统文化的宣扬，同时也在加强现代文化的普及，将更多有助于提升国民素质的内容搬到屏幕上。

抖音知识推出的《硬核知识局》，邀请诺贝尔奖得主、中科院院士共同讨论知识，一起感受知识的魅力。

抖音在国际赛事上的活跃

抖音不断完善平台内体育板块的内容，两年时间，抖音先后成为 2020 年欧洲杯和 2021 年美洲杯的合作伙伴。同时，还在东京奥运会和北京冬奥会期间，独家推出多档体育节目，邀请众多运动员入驻，用短视频记录训练和生活日常、参与赛事解说、进行运动科普，展现赛场内外风采，如邀请谷爱凌出席活动。

《2021 年抖音体育生态白皮书》显示，抖音在体育内容传播方面实现大规模进展，截止到 2022 年第一季度，抖音有超过 6 万体育创作者粉丝过万，体育直播的开播数量和观看人次增长约 50%。

2022 年 6 月 21 日，中央广播电视总台和抖音联合举办云发布活动，宣布抖音成为 2022 年卡塔尔世界杯持权转播商、中央广播电视总台直播战略合作伙伴。中央广播电视总台编务会议成员兼总经理室总经理彭健明、抖音首席执行官张楠在线致辞，并共同启动双方合作。

世界杯的影响力有多大？

国际足联主席詹尼·因凡蒂诺指出，如果世界杯由 4 年一届改为 2 年一届，收入将从 53 亿英镑增加至 86 亿英镑，全球 GDP 在 16 年内增加 1360 亿英镑，并且创造 200 万个全职岗位。

2018 年法国队获得世界杯冠军回到巴黎后，在戴高乐机场受到最高礼仪迎接：巴黎街头 10 万名球迷接英雄们回家；9 架飞机喷洒蓝白红三色彩色烟雾；接受法国总统接见，被授予法国荣誉军团勋章。

亚军克罗地亚队回国，克罗地亚军方派出 2 架米格 -21 战斗机护航，以最高礼仪接待，并且在空中喊话："你们已进入克罗地亚领空，感谢你们在世界杯的英勇表现，我们代表克罗地亚空军为你们护航。"全国 55 万人前往迎接，而克罗地亚总人口仅 420 万。

在世界杯一切皆有可能，迪迪埃·德罗巴在 2006 年德国世界杯上的肺腑之言更是影响到科特迪瓦由分裂走向统一。德罗巴说："国内的政治形势我们不可能掌握，我甚至不能确定，我们在比赛场上赢球能帮助国内多少。但是，我们可以给国内一个明显的信号，我们是一个统一的国家，并让所有人为我们自豪。如果我们团结一致，我们就可以做得很好，并最终展示出我们国家的实力。"

世界杯被誉为全球第一赛事，直接带动粉丝 40 亿人，超过辐射面达 30 亿人的奥运会。抖音的用户量、DAU 等在 2022 年的卡塔尔世界杯上也迎来了井喷式爆发。

体育赛事价值排行榜

世界杯（足球）327 亿美元

欧洲杯（足球）218 亿美元

欧冠（足球）179 亿美元

英超（足球）173 亿美元

西甲（足球）118 亿美元

超级碗（橄榄球）42 亿美元

德甲（足球）41.5 亿美元

夏季奥运会 41 亿美元

意甲（足球）40.7 亿美元

F1 赛事 40 亿美元

抖音与长视频平台合作，联合二创内容

为了合规引入好内容，进一步充实内容供给，提升用户时长，抖音积极与长视频平台展开合作：与腾讯视频和解，有条件更新《斗罗大陆》；与搜狐视频合作，获得《法医秦明》《匆匆那年》等 IP 的二创版权；与河南卫视合作，获得河南卫视一系列晚会的转播权。通过一系列合作与共创，抖音进一步进行内容供给侧的改革，不断挖深自身护城河。

丰富内容供给亦是降本增效的体现。相较于发放红包等一次性费用，内容是可留存与发酵的资产，在实现用户拉新与留存的同时，内容沉淀产生的 ROI 更高。以季度抖音流量获取来算，内容成本可能在 10 亿元，但销售费用却可能有 100 亿元。

大风起，九万里

微视 1.0

不论是千团大战、千播大战还是 O2O 大战，最后的胜利者都会有一个共同的命运，接受这家公司的投资——腾讯。问一个直击所有人灵魂的问题："如果腾讯进入你所在的行业，你会怎么应对？"

在中国，几乎有一半的手机 APP 都和腾讯有关，美团、拼多多、京东、唯品会……截止到 2021 年，腾讯投资的公司已达到 1043 家。

而在短视频风口来临之前，2013 年腾讯就通过模仿 Vine（twitter 旗下的短视频 APP）孵化出微视。微视刚开始的打法和其他短视频 APP 的打法几乎一模一样，邀请头部明星和商业大佬站台，输出很多格调很高的内容，然后进行大面积的市场推广。因为是第一批进入短视频领域的 APP 之一，同时叠加腾讯巨大的流量红利，微视早期的成长非常迅速，不到一年的时间就拥有了 4000万 + 注册用户。

但因为内容创作者都是一些咖位很高的人，他们日常都忙于主营业务，并没有将微视当作核心阵地，这导致微视的内容质量越来越低，短视频内容观看的人数越来越少，其他创作者赚不到钱也就陆续离场。最重要的是，2013 年的中国移动设备并没有那么先进：很多人使用的还是键盘手机，全面屏的普及率相对美国来说还比较低；更别提手机镜头，那时候还大多是几百万像素的手机，拍出来的短视频惨不忍睹，只能用"模糊"来形容。

同时，国内视频市场还是以爱奇艺、优酷、土豆等长视频内容平台为主，腾讯也紧跟时代潮流，积极投入长视频的战争。虽然长视频在当时也没有靠谱的赢利模式，但因为手上握有一批 IP 的版权，这些版权日后变现的可能性很大，而短视频并不具备长视频所具备的优势，形同鸡肋，所以腾讯投入短视频的资源越发有限。

当时的腾讯处于四处撒钱的阶段，对于微视的定位并不明确，只是看到国外有人创业，效果不错，就尝试看看。微视为了找准市场用户，获得市场增量，之后不断调整方向，模仿不同的短视频模式，导致其在腾讯的商业帝国中显得冗余，最终在 2015 年被宣布放弃。

归根结底，对于腾讯来说，微视在当时只是众多创新项目中的一个而已，发展得好坏无关紧要。在 2015 年，腾讯犯了与 YY 同样的错误，就是没看到硬件设备和网络带宽的巨大革新，这成为日后腾讯人非常懊悔的一件事。

微视 2.0：腾讯与字节跳动的战争，正式打响

巨头从不依附。公司一共就三种，就是 go big（做大）、go sell（变卖）、go home（回家）。

——字节跳动高管

我加入字节跳动，不是来成为腾讯的员工的。

——字节跳动员工

还记得 2017 年那张著名的互联网饭局的图片吗？刘强东和王兴做东，组了东半球最贵的一场饭局——"东兴局"（见图 4-1）。

图 4-1 "东兴局"

出席"东兴局"的有腾讯马化腾、小米雷军、高瓴资本张磊、滴滴程维、快手宿华、摩拜单车王晓峰、美团王慧文、知乎周源、58姚劲波、金沙江创投朱啸虎、联想杨元庆、红杉资本沈南鹏、今日头条张一鸣、京东金融陈生强。此时的大家还是一团和气，起码表面上看来是这样的。

不久之后，张一鸣携抖音隆重登场。

张一鸣的字节跳动在腾讯主导的社交领域硬生生撕开一道口子，小马哥（马化腾）多次上门收购被拒绝，那时的小马哥既痛苦又无奈。

无独有偶，三年后这样的故事重新上演，米哈游在腾讯主导的游戏帝国硬生生撕开了一个缺口。

至此，腾讯花了19年建立的社交＋游戏统治帝国，开始出现一道道裂缝。

如果大家了解过腾讯在短视频领域的投资范围，就知道字节跳动这场仗赢得有多难。腾讯在文娱领域投资的企业多达139家，而这大多和内容输出息息相关。

也就是说，从法律层面，字节跳动一不留神就会构成侵权。

腾讯的底层逻辑：流量＋业务。对于腾讯来说，这更像是一场被迫遭遇战。微信主打的是社交，之后不断将触角延伸到生活、金融等全领域，建立以微信窗口为核心，以公众号、朋友圈为两翼的社区领域，用户可以在微信APP上完成日常所需要的动作。而抖音的突然出现，将微信生态瞬间搅浑，用户纷纷被抖音吸走。

2018 年年初，腾讯迫于抖音的压力，不得不重启微视。虽然这时的微信已经对外投资了一系列短视频公司，但毕竟干儿子和亲儿子还是有很大区别的。

当市场基本确定的时候，竞争拼的是团队组织力，而腾讯本身就是一家组织力超级强的公司。腾讯在短短的 3 个月时间就抽调了近 500 位员工进行鏖战。为了快速跟上节奏，微视团队不得不进行了一场急行军，作为直面 C 端的短视频窗口，内容是重中之重，微视团队快速打造了一个庞大的内容库，付费给专业创作者、工作室、公司。腾讯让他们制作内容。

虽然在短时间内，这么做让微视的内容质量直线上升，但同时亦埋下了巨大的隐患，微视在半年内就遭到巨大反噬。因为普通人辛辛苦苦做的内容是没办法和专业内容团队做的内容相比的，也因此在流量争夺上处于弱势，这劝退了许多内容创作者。当内容创作者减少，给用户观看的内容减少，用户在平台看不到有趣的内容就会纷纷卸载退出，导致用户流量进一步降低，创作者没钱赚纷纷脱离平台转投竞对，就这样形成了微视 2.0 的循环。

为了自家短视频平台的繁荣兴盛，腾讯加强了对抖音的进攻。

一杀：腾讯领域封禁抖音。

2018 年 5 月 7 日，张一鸣在朋友圈发文庆祝抖音海外版 TikTok 在苹果 APP store 取得全球下载量第一的好成绩，并评论道："微信的借口封杀，微视的抄袭搬运，挡不住抖音的步伐。"马化腾立即回击，说这是"诽谤"。

两位互联网大佬在朋友圈开怼的消息，成为当时的网络热点。

而在随后的几天，腾讯更是加大火力，持续封锁与抖音相关的链接和短视频内容。

二杀：抢夺达人。

抖音曾和微视展开过一场激烈的达人争夺战。微视斥资 3 亿元扶持达人入驻。据悉，微视的补贴共分 3 个等级，分别为 S、A、B 三级，其中 S 级最高，每条微视频补贴 1500 元。这招釜底抽薪直接将抖音已经培育好的达人连根拔起，但显然，由于服务混乱和收入的不稳定，最终微视达人还是流失了。

截至 2020 年 2 月，腾讯拥有 13.3% 的 B 站股份，是 B 站的第二大股东。2019 年，B 站发布"时尚星计划"，该活动计划投放价值 20 亿元的专项流量招募达人，针对的人群主要有两个：一是尚未入驻 B 站，但在微博、抖音、快手的粉丝量超过 30 万或者在小红书的粉丝量超过 10 万的红人；二是在快手、抖音等平台已经有数十万粉丝量，已入驻 B 站，但粉丝数量却少于 3000 的 KOL。

不论是哪家平台，达人都是争夺的关键点。拥有充足的达人，才能保证拥有源源不断的内容；而只有拥有好的内容，才能留住用户的时间。对于互联网平台来说，留住用户的时间即意味着有"成交"的可能性。

三杀，腾讯起诉抖音侵权。

2021 年 5 月腾讯视频官方微信公众号曾发布声明称，《斗罗大陆》动画第158 集在腾讯视频独家上线发布后，即发现大量未经授权的动画完整版、切条剪辑及合集等内容，出现在 B 站、抖音、快手等平台。

2021 年 8 月 30 日《云南虫谷》在腾讯视频独播之后，抖音上存在大量用户上传的该剧剪辑片段。于是在 2021 年 9 月 22 日，腾讯向西安市中级人民法院起诉，要求抖音立即采取有效措施删除、过滤、拦截相关视频，并赔偿经济损失及合理费用 1000 万元。

之后，同样因为版权问题，腾讯起诉抖音 168 次，涉及金额近 30 亿元，涉及的影视综艺作品有《扫黑风暴》《你是我的荣耀》《庆余年》《灵剑尊》《德云斗笑社》等。

四杀，视频号上线。

2020 年，在微视久攻不下的短视频战场，微信携视频号亲自上阵，并将视频号入口放在紧邻朋友圈的位置。这意味着在微信内部，视频号已经和朋友圈处于同等重要的地位。视频号在腾讯内部的产品战略级别高，发展速度快，一年迭代 33 次，释放 40+ 项新功能。

从腾讯发布的 2020 年第四季度财报来看，视频号首次出现，这意味着，从商业回报角度，视频号已经被腾讯肯定。

当然，视频号在某种程度上也不负众望，截止到 2022 年，视频号已经拥有 4.5 亿 DAU，人均活跃时长达到 35 分钟。如果在创业公司，一个刚推出 2 年的内容平台就达到这样的规模，简直是一个奇迹。

尽管腾讯推出四大杀器，但还是没能阻挡抖音的快速成长，截止到 2022 年，抖音实现了 8 亿 DAU。在短视频领域，抖音已经成为超级巨无霸般的存在。

腾讯拥有强大的势能优势。

首先，流量入口。腾讯掌握着中国最大的用户群，几乎随便推出的一个软件都能在短时间达到千万用户级。

其次，收购盛大文学构建知识版权护城河，在图文基础上不断孵化衍生视频类、动漫类的原创内容，为自家的短视频平台导流。

在这场短视频战争中，腾讯本来是有机会赢的，并且还能赢得干净利索。但我们不得不说，微视并没有用好。微视 1.0 出现得太早，软硬件两方面都没有办法给予用户最好的体验，当时最火的还是由微信公众号、今日头条为主导的图文内容载体。微视 2.0 出现得又太晚，在 2018 年微视高调宣布复出的时候，抖音、快手的 DAU 已经过亿，基本竞争格局已经确定。腾讯在直播领域犯了巨大的错误，导致在短视频直播领域陷入被动状态。

随着抖音用户数量的不断增长，如果仅从用户时长来说，抖音从刚开始的 30 多分钟延长到后来的 70 多分钟，腾讯就已经从战略进攻方转为战略防守方了。

对于腾讯来说，流量 + 业务的打法屡试不爽，虽然微视折戟沉沙，但凭借强大的基础底蕴，2020 年上线视频号后，腾讯终于还是拿到了短视频时代的最后一张船票，也是 web2.0 的最后一张船票。

快手

我们一直开玩笑说，快手是"宿华""程一笑"双引擎战略，因为这两个人都有自己专门负责的业务和部门，可以各自做决定。虽然这是一句玩笑话，但实际上两人刚开始的相遇真的是缘分，然后莫名其妙地就做了一家上市公司。

程一笑，2009 年之前在惠普大连工作。彼时的惠普，营收额已经高达 1000 多亿美元，稳居全球第一大 PC 厂商地位。从 2009 年到 2011 年在人人网做 iPhone 客户端开发。从人人网出来后开始创业，办公地点就在北京天通苑的东小口镇一带，员工只有他自己。2012 年春节过后，创业半年的程一笑还没什么火花，于是他一边研究人人网老上司许朝军的啪啪，还有图钉和美图秀秀，一边开发用图片合成 GIF 的简单方法——这时的快手定位是做 GIF 图版的美图秀秀。

程一笑的小动图获得了一定的市场热度，也很快传到了资本圈。快手背后的第一个男人——张斐——出现了，时任晨兴资本（后改名五源资本）投资负责人，其投资主要集中在通信、互联网、媒体领域。

张斐帮程一笑成立了公司，出了 200 万元，占 20% 的股份。2012 年 4 月，晨兴资本独家投资这个小小的工具 500 万美元，这是快手的 A 轮融资。

因为程一笑是典型的产品驱动型管理者，所以程一笑的公司在公司管理和团队建设方面陆续出现了很多问题，在发展一段时间后面临着一系列瓶颈。

第一个瓶颈：不具备流量入口。GIF 快手是一个工具，它所生产的内容都必须在新浪微博上传播，其本身并不能具备流量来源。如果新浪微博把 GIF 快手的流量入口关闭，GIF 快手就成了待宰的羔羊。于是，GIF 快手开始向社区转型，之后又开始向社交转型。

第二个瓶颈：缺少资金投入。GIF 快手在转型期间，进行了多番尝试，但始终没有得到良好的增长，此时前期的融资已渐渐枯竭。在这种情况下，程一笑本人又很难说服投资人投资，GIF 快手于是陷入了两难的境地。在特别困难的时候，程一笑还联系过一下科技的韩坤，打算让对方收购，但对方认为 GIF 快手没有技术壁垒，拒绝了程一笑的提议。直到宿华加入 GIF 快手，晨兴资本才追加了投资。

第三个瓶颈：缺少 CEO 进行系统管理。

当问题频频出现的时候，答案早已在冥冥之中。

宿华，在加入快手之前，曾先后在 Google、百度就职，负责搜索和推荐算法、系统架构等后端技术研发，之后开始连续创业。不同于程一笑稳扎稳打，宿华的创业史简直可以单独写一本书，他先后经历了 32 次创业，其中虽有并购和成功退出，但一直没有掀起太大的浪花。

就在程一笑的 GIF 快手面临瓶颈之时，还在搞社交电商圈圈的宿华也正一筹莫展，但是他无意中经人（张栋，百度凤巢前架构师）结识了张斐。

在张斐的撮合下，程一笑与宿华坐在了一起。为了让宿华加入快手并达成最佳效益，晨兴资本和程一笑开出了让宿华无法拒绝的价码：晨兴资本的股份是 20%，程一笑等 3 人股份是 80%，双方各稀释一半股权，凑出 50% 给宿华和他的团队；并且提议让宿华做首席执行官统管公司，由程一笑负责产品。最终，程一笑与宿华兵合一处，做业务调整时将产品由"GIF 快手"改名"快手"，快手正式登上舞台。

程一笑和宿华磨合了半年时间，半年之后二人的合作日益顺利。宿华把快手的工程能力提到了很高的水平，系统性能的稳定性和架构也都得到了很大的提升。

和抖音相似的是，快手采用的也是推荐引擎：通过用户喜好将短视频给到相对应的用户。刚开始的快手是非常佛系的，并没有过度关注用户增长，即便在 2015 年的千播大战期间，快手依然走得非常稳。截止到 2017 年，快手的数据是抖音的 20 多倍，而此时的抖音在看到巨大的商业机会后，开始狂奔。直到在 2018 年被抖音反超之后，快手才在各大资本助力下按下快车键，并一路狂奔到上市，其间再未停留。

腾讯击败竞争对手的方法始终如一：找准竞对—组建团队—1:1 还原—利用

QQ、微信两个超级杀器促进下载量—自媒体疯狂带节奏—结束战斗。

好巧不巧的是，在短视频领域这个套路失灵了。即便是给了微视足够的流量扶持，再加上十几个短视频APP的辅助，腾讯也没有在短视频领域站稳脚跟，一直处于跟随状态。

在自家微视业务遭遇巨大滑铁卢的时候，腾讯投资团队也没有闲着，而是迅速找到了抖音的替代品——快手。2017年，在对快手进行了3.5亿美元投资后，快手的估值瞬间被推升到25亿美元。之后为了继续拓宽在短视频领域的护城河，腾讯对快手持续加注。

快手除了共享腾讯的资源，还拿到了百度的融资，借助百度在人工智能领域取得的成就不断完善自身的推荐引擎，最终在流量＋技术两方面都取得了丰硕成果。

为扩大生态位边界，快手先后投资了魔筷、知乎、A站……快手与抖音的竞争不仅在国内，两家公司早在2017年就已经将战火烧到了海外，比如在针对musical.ly的并购上：快手率先跟进讨论投资并购，但由于某些原因暂停；在快手犹豫期，抖音迅速跟进并完成签约，musical.ly后来与抖音海外版合并，对外统称TikTok。

在内容侧，快手也积极参与到好内容的争夺中（见图4-2，见表4-1）。

主播与用户画像有趋同性。当前快手的头部主播，如散打哥、蛋蛋等，与目前快手偏低线城市的用户画像趋同。B站亦如此，B站头部主播罗翔、何同学等，与平台高线城市Z世代的用户画像趋同。

明星矩阵的针对性不强，相对来说不分领域，亦不分地域。比如，快手引入成龙，其粉丝辐射范围较广。又如，2022年7月，周杰伦为宣传新专辑，在快手进行了一系列独家活动，该系列活动进一步丰富了快手的用户群体，提升粉丝活跃度。同年7月18日，周杰伦在快手进行了独家直播，累计超过1.1亿人观看了直播，总互动量超4.5亿。

内容，既是为了留存用户，本身也是招商窗口。

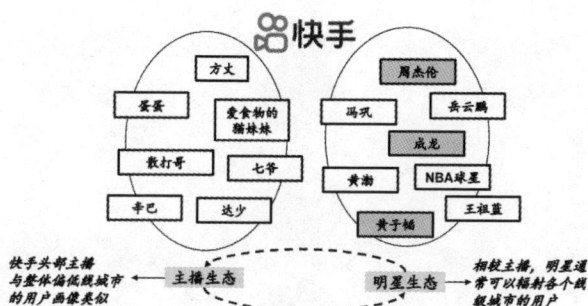

图 4-2　快手 PUGV 内容生态

表 4-1　快手 2022 年较为重要的综艺、剧集、直播活动

全民娱乐	《超 nice 大会》第二季、《11 点睡吧》第二季、《声声如夏花》、《岳努力越幸运》第二季，以及《开拍吧，兰桂坊》和明星单元剧、影视综宣发
全民盛典	2023CNY、新市井城市 IP、新市井中国节、国货发光、《一拍成名》第二季和《快手一千零一夜老铁联欢晚会》
全民体育	NBA、卡塔尔世界杯、欧冠
全民互动	快手挑战赛、直播 PK 赛、品牌直播间、AR 集卡、快看人间
新兴文化	快手短剧、快手中剧集
次元文化	五五开黑节、快手传奇杯、KPL《王者荣耀》职业联赛、KPL《和平精英》职业联赛、KEI 快手国际邀请赛
传统文化	新市井匠人
新知文化	财经科技年度峰会、@每一个你、超级新生代、狂野行动和《新知懂事会》
美食婴宠	育儿大咖说、听妈妈的话、百城百味年夜饭、517 吃货节、深夜吃点啥、快手有名厨
汽车旅游	快手快说车、北京车展、上海车展、豪横购车季、旅行奇遇记
"三农"教育	幸福乡村带头人、高考季、毕业季
美妆时尚	绽放吧中国成分
节点大促	新市井中国节、新市井女神节、616 实在购物节、116 心意购物节
品牌狂欢	超品日、真新日
平台支撑	品牌力量计划、快意计划

在产品上，2021 年 10 月，快手首次提出"新市井商业"的理念，并在 2022 年 5 月发布了"新市井电商"的定位（见图 4-3，图 4-4）。

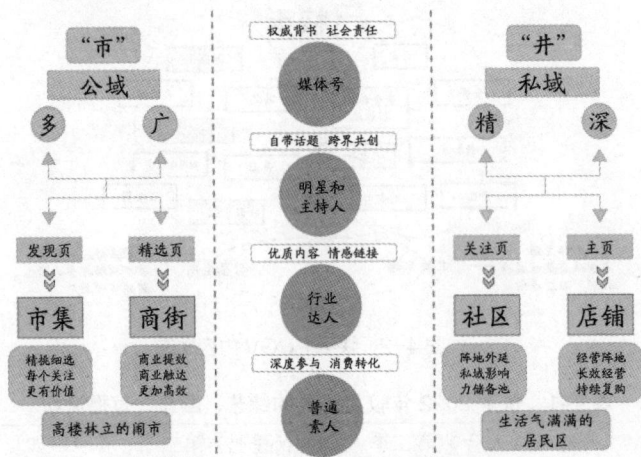

图 4-3　快手新市井生态愿景及架构

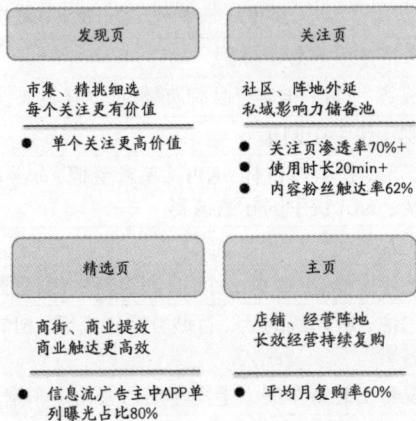

图 4-4　快手新市井生态之下广告投放选择

为打造自己的货盘体系，快手学习"淘品牌"推出自己的"快品牌"战略，提出将在 2022 年内扶持 500 个以上的快品牌，让更多商家在快手形成完整的商业化闭环。此外，快手也与临沂市政府进行战略合作。临沂市目前建成了电商园区 40 余个，诞生了超级丹等服务商共 26 家。与临沂市政府的合作，将进一步深化快手的快品牌战略。

上游供应链侧，升级快品牌战略。2022 年 616 实在购物节（2022 年 5 月 20 日—2022 年 6 月 19 日），品牌商家、快品牌 GMV 同比 2021 年 616 分别增长 515%、198%。

在商家投流端，正式推出"磁力金牛"。磁力金牛整合了此前快手的小店通、粉丝头条与金牛电商，是品牌和商家的一站式投流平台，操作更简便，具备可视化功能。同时，快手将磁力金牛的"代理商"体系全面升级为"服务商"体系，进一步强化服务商角色。

下游消费者端，正式上线"小店信任卡"。小店信任卡是快手面向一部分高信用值用户的权益保障，2021 年 618 期间首次测试。拥有小店信任卡的用户，拥有退款不退货、退货补运费、假 1 赔 10 和 7 天无理由退换货等权益。

快品牌具备三个特征：其一，直播间与货并重，主播直播间本身也是品牌；其二，高性价比；其三，强私域与复购。

同时，快手利用自己在下沉市场的优势，积极开展下沉城市业务。

快手蓝领招聘平台"快招工"MAU 超 1 亿。"快招工"先后与辛选集团、奇瑞、沃尔沃联合进行直播招聘，解决蓝领人群就业难的问题。

此外，快手成立房产业务中心，先后在天津、沈阳、长春、郑州等 30 多座城市进行直播看房，帮助房产销售实现精准匹配和高效连接。

截止到 2022 年，短视频领域确立了抖音、快手、视频号三足鼎立的竞争格局。其中，抖音 DAU8 亿，坐稳头把交椅。快手 2022 年第三季度财报显示：快手 DAU 为 3.634 亿，较 2021 年同期的 3.204 亿增长 13.4%；平均 MAU 为 6.260 亿，较 2021 年同期的 5.729 亿增长 9.3%；每位日活跃用户日均使用时长为 129.3 分钟，较 2021 年同期的 119.1 分钟增长 8.6%。

快手向下，抖音向上

用今天的视角观昨天，抖音的成长享受了五次红利。请注意，这里特指抖音短视频业务。抖音短视频和抖音直播是不同的，抖音短视频一直都是主线。

1. 特效、技术。2016 年的抖音处于初创期，当时的定位还是潮流 APP。为了打磨出好产品，抖音将用户体验优化到极佳，并推出各种特效，满足潮流人群的喜爱，此时特效技术代表了抖音（当时 B 站也在走这条路线）。抖音早期的 slogan："让崇拜从这里开始。"2017 年以黑脸为代表的一众技术流主播用特效作为内容的载体，成为首批抖音红人。各种眼花缭乱的视频，归结为一个字，就是"炫"。

2. 颜值、才艺等有一技之长的创作者。2017 年，这时候的抖音还是以用户增长为主要发展目标，并不直接参与短视频市场的对抗，但已经开始对相关领域的主播进行流量扶持，比如当时火起来的颜值主播：大狼狗夫妇、彭十六、多余和毛毛姐等。这一波的流量扶持几乎奠定了未来主播的格局，躬身入局的达人后来都成了一方"诸侯"。除抖音外，当时的市场格局是，花椒、YY 等秀场直播 APP 混战，虎牙、斗鱼、熊猫 TV 等在游戏领域混战。

3. 知识、旅行等生活型主播入驻。2018 年，抖音品牌全面升级，将 slogan 升级成为"记录美好生活"，放宽了用户圈层和内容领域，瞄准更大的市场，正式开始了下一阶段的跑马圈地。这时候抖音短视频内容质量明显提高。这时候的竞争对手主要是 B 站、微博、马蜂窝、小红书等，火起来的主播账号有：樊登读书、商业小纸条、李子柒、房琪 kiki 等。

4. 中长视频风口。2019—2020 年，这时候抖音与快手的市场格局基本确定，在两强争霸的态势下，双方都在抓紧扩圈，邀请更多专业性内容创作者提供优质中长视频，这时其竞争对手切换为爱奇艺、优酷、腾讯等传统视频网站。但因为抖音缺少中长视频内容的创作者，各种账号都在进行视频搬运，因此产生了一系列的视频剪辑和影视解说账号。"快追剧"成为新的趋势，用户再也不用充会员傻傻等传统网站更新了，精华内容都会在抖音实时更新。也是在这段时间，传统平台与新媒体平台的版权战争愈演愈烈，具体表现为《王者荣耀》侵权官司。

5.商业最大化。从 2020 年开始，抖音的流量增长红利已经非常可观，6 亿的用户体量为抖音挖了足够宽广的护城河。这时，抖音加快了商业化进程，从内容平台向电商平台转变。抖音电商、抖音小店、本地生活等新的电商方式层出不穷。

抖音的五波红利，分别产生了不同的孵化作用，为普通人提供了实现价值的可能性。而今天我们再来看市场发展趋势，东方甄选的爆火也预示着新的电商红利，知识类内容和"三农"类内容开始变火。

为什么 YouTube 恰逢其时？因为网络带宽终于扩展到足以传输流媒体视频，因为手机摄像头让每个人都能录制视频，还因为投资环境允许资本进行密集型投资。在众多因素的刺激下，YouTube 应运而生。对于抖音来说，这些机会都被赶上了。抖音调整了互联网广告形式，发布信息流式广告，给了广告市场无限的承接力，无限度地降低了广告边际成本。

字节跳动就像是一个超级 APP 工厂，后端平台使用统一的基础架构 + 数据中心，中端使用统一的业务中台（视频、游戏、社交、用户……）、技术中台（客户端、移动端）、数据中台（推荐、广告、搜索……），再辅以前端的标准化模板，最终产生了今日头条、抖音等 APP。在这样超强的中台体系下，字节跳动可以实现 7 天上线 APP（一般 APP 需要 3 个月时间），在效率上远远超过其他大厂。在针对每个 APP 的调整中，字节跳动测试的就是玩法和套路，不断地测出能够促进用户增长的玩法和套路，然后再将最终好的方案嫁接在主推 APP 上，使之瞬间即可成为爆品。

在这个世界上，做任何事情都是有一定成功概率的，而字节跳动就是这样的一家公司，用数量博取概率。从这一点上来说，字节跳动的成长是没有上限的。

第五章

先搞清楚什么是抖音算法

推荐机制——用户偏好算法

当你打开抖音 APP，不断地滑动屏幕观看视频时，你会发现抖音推送的内容越来越符合你的口味，不论是旅行目的地还是小姐姐，都与你的审美吻合。一个明显的感觉就是，抖音越来越懂你了。抖音会根据你的日常行为动作（停留、点赞、收藏、评论、分享），用推荐引擎算法不断算出你的喜好，从而做到越来越懂你。

抖音其实就是一个高度智能化的机器人，任何人在抖音平台上的用户行为都会被抖音记录下来。比如：在什么类型的内容上观看时间长、互动多等。我们习惯刷什么内容，抖音就会推相似的视频给我们看，就是因为它记住了我们的喜好。它实际上是给我们每个人贴上了一个标签——用户喜好标签，每一个用户都有一套喜好标签。抖音会根据这套标签，通过推荐引擎做针对性推送。而这个推荐机制就是用户偏好算法。

举个例子，职场人的每日一问是："中午吃什么？"当你打开团购类 APP，或者是去饭店点餐，看到厚厚的一沓菜单感到绝望时，服务员及时出现在你面前，递上一份包含你今天想吃的饭菜的菜单，这份菜单可能只有几样，但却都是你平常喜欢吃的，这样就减少了你的选择成本。

抖音的这一算法极大地改善了人们对于内容的筛选过程，能够在被动获取内容时节约时间（搜索引擎是主动获取内容）。抖音也凭借着这一推荐算法优势，在一定用户数据的基础上，不断通过用户反馈优化内容，改善用户体验，进而在一众互联网短视频平台中脱颖而出，实现正向增长。

总体来说，抖音算法对用户信息的匹配主要依赖三点。

1. 人群画像。当我们首次打开抖音 APP，抖音会根据我们的设定（性别、地域、年龄），初步推送些符合设定的"一般性"内容（这些内容是标签相似人群经常点击或互动率比较高的），再根据我们的行为反馈粗暴地给到另外一些模糊性标签。

2. 内容分类。我们刚登录的时候，平台会让我们选择喜欢的类目，比如：财经、游戏、美妆、护肤……抖音也会根据我们选择的类目，有针对性地推送该领域的内容，再根据我们的行为反馈粗暴地给到另外一些模糊性标签。

3. 互动指数。结合以上反馈，抖音已经对我们有了一个判断，在我们连续几次使用抖音 APP 之后，抖音逐步给我们贴了一些确定性标签。当然了，如果在使用抖音之前，使用过字节跳动的其他 APP，抖音就会从大数据库中筛选有关的信息，双方信息叠加即形成了标签。字节跳动的底层数据库是相通的，不论你在字节系的哪个 APP 上留下记录，都会被字节跳动抓取并合并标签。在这一点上，字节跳动是远远超过其他互联网公司的。

同时，抖音算法具有极强的学习性。比如我们前天看的内容是数码产品，昨天看的内容是旅行，今天看的内容是美食，算法会根据我们关注内容的变化而不断学习。最妙的是，算法在学习的过程中会不断推送我们以往喜欢的内容，再次确认我们是否真的改变了内容喜好。

除此之外，抖音算法对内容创作者也有同样的好处。抖音除了记住每一位用户喜欢刷什么内容，也会记住用户发布什么内容，会给发布的内容贴上一个标签，这个标签叫用户账号的内容标签（或账号标签）。这个标签和用户喜好标签是不一样的。账号标签向外，是向外发出去的作品；喜好标签向内，是我们内心喜欢的作品。当然，字节跳动会通过两套标签基本判断该用户的偏好类型，然后通过 AI 学习系统有针对性地推荐该类人群喜好的内容。

抖音一旦识别并记录了我们账号的内容标签，它就会把我们的作品推给有这种内容喜好的观众观看，通过对方的反馈来判断双方是否达成标签一致。内容创作者吃透算法规则就可以通过有意识的设计，让算法推荐偏向自己，引导平台分配更多流量。

平台算法也是不断调整改变的，这属于平台方的人为干预，目的是防止某创作者利用算法漏洞。同时，只有保持流量的流动性，才不会出现一家独大的情况。这就是为什么每隔一段时间，不论是用户还是内容创作者，都会发现观看用户和推送内容出现了混乱。请注意，这不是平台算法的混乱，而是平台有意地消除（或增强）了一些模糊标签。

那么，一个内容到底推给多少人观看合适呢？这就涉及抖音的推荐机制，我们称之为"去中心化机制"，即一个作品该推给多少人看，不是平台说了算，而是由观众说了算，也就是根据观众对作品的点赞、评论、转发和完播的比率进行推荐，这才是抖音推荐的核心。这个机制是一个相对公平的、容易让草根逆袭的机制。只要你的内容足够好，观众愿意挺你，你就可以上热门。所以，我们说抖音是一个以内容为王的平台。

而抖音之所以能实现这么强的算法，并持续推动字节跳动 APP 的高效运作，重点在于——字节跳动总部拥有一个 AI 实验室（即大鱼缸会议室）。在这里，字节跳动建立了全球最大的信息内容数据库，并通过 AI 机器自动学习，在最短时间内处理世界上的内容与信息。通过分析用户的行为，结合兴趣分类相似、主题分类相似、点击行为相似等，拓宽算法的推荐方向。

算法流量池——去中心化的八大流量池

流量池就是抖音平台的观众人数。

当一个作品上传到抖音平台，它会先给一部分观众试看，如果观众的反馈好（点赞、评论、转发、完播达到平台设定的参数值），系统就会把作品推给更多的观众观看，叠加推荐。要想利用抖音扩大知名度和赚钱，就不得不了解抖音的流量池规则（见图5-1）。抖音根据观众人数，将流量分为八个等级：

1. 初始流量池，200 ~ 1000人；

2. 千人流量池，3000 ~ 5000人；

3. 万人流量池，1万 ~ 2万人；

4. 人工审核流量池，10万 ~ 15万人；

5. 小热门流量池，30万 ~ 70万人；

6. 中热门流量池，100万 ~ 500万人；

7. 大热门流量池，500万 ~ 1200万人；

8. 全网推荐。

发布视频

↓

审核

提取兴趣标识

↓

种子流量池

↓

完播率、点赞比、
评论量、转发率等

用户反馈

反馈好

反复叠加推荐　　　　　反馈差　　　重复度高

↓

更高级流量池

优质内容曝光量逐级递增

二次推荐

流量池降级/限流

自身爆款作品带动数据转好，
激活"挖坟"机制

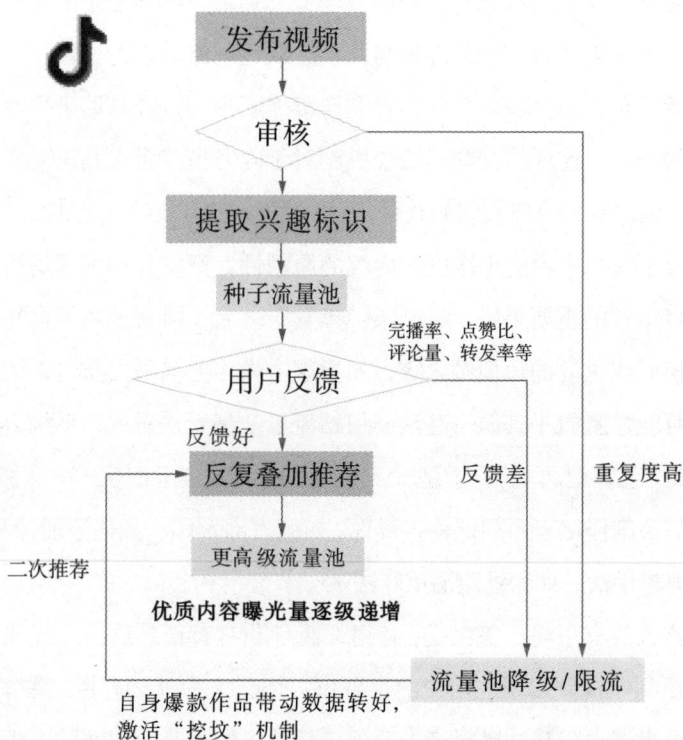

图 5-1　抖音短视频内容推荐流程

消重算法——拒绝抄袭

　　抄袭，是所有创作者最讨厌也最痛苦的事情，但因为抄袭本身具有低投入、高收益的特征，所以屡禁不止。不管是之前的博客还是之后的微信公众号等自媒体，受到的投诉大多与抄袭有关。

　　毫无疑问，所有的互联网公司都运用了直接网络效应和双边网络效应。直接网络效应需要高用户增长率，每增加一个真实用户都增强了平台影响力，同时增加了对内容创作者信息的阅读与互动。双边网络效应的出现，吸引了更多内容创作者参与，而更多内容创作者创作出优质内容，亦有助于平台获取更多真实有效的用户。这样的互联网增长机制对于内容型平台尤其重要，这些公司追求平台、创作者、用户之间的共赢，同时更加注重内容的原创性。

抖音为了保持平台的干净度和内容的原创性，开发并加强了消重算法，以此作为内容审核的重要手段。当一条视频发布之后，抖音的系统会在数据库中检索与之相似或重复的短视频内容，如果这个内容之前被发布过，那么该内容被推荐的可能性就微乎其微，甚至连初始流量池都无法进入，系统会将该内容自动设置为"仅自己可见"。于是，一个新型的工种应运而生——"搬运工"的教员。他们会制作出一系列课程告诉你：如何去除水印、如何添加片头与片尾、如何改变剪辑手法、如何逃避消重算法……

这样的做法有用吗？答案是：有用，而且非常有用。这些方式能够使一个又一个的复制性视频出现在用户的视野中。那么，为什么有用？答案是：一个视频即使再火爆也很难冲破抖音的 8 层流量池。即便是再优秀的视频内容也会停留在 6 ~ 7 层，远远达不到火爆全网的程度。一个身处云南的创作者抄袭一个东北的创作者，他们身处不同地域，决定了他们会首先在本地火爆，只有两个视频都上了当地的热搜，才会触发消重算法，平台的审核人员才会根据时间等参照物进行相应处理。但在当今这个快速流媒体的时代，在很长一段时间后出现的结果已经不重要了。另外，加上人物、场景、语速的改变，系统也很难在第一时间判定哪个是抄袭内容。于是，在这条保护创作原创性的荆棘之路上，平台方、创作者表演了一场侦查与反侦查的戏码。

一方面，抖音通过开发的消重算法帮助筛选，同时还专门组织内容审核团队，人工抽查、审核内容的原创性与质量；另一方面，为了加强与用户的互动，抖音同时设置了"举报"功能，鼓励大家举报抄袭、违规内容。在三年的进程中，抖音逐渐建立了系统消重算法＋人工审核＋用户举报，三位一体的内容监督机制。

我们在分析一个问题的时候，不要只针对问题本身，而要直接探究问题的底层逻辑。抄袭风行，从表面上看是创作者受到低成本、高获利的推动，但底层逻辑是创作成本的增加。大家还记得2016年的抖音吗？随便在马路上唱个歌就能火，哪怕是发酒疯录个视频都能火。但对于今天来说，你能想到的、能拍的内容大部分都已经实现，实在没有足够多的创意了。而对于一家内容型公司来说，创意恰恰是内容创作的灵魂所在。如此，大家为了流量，就不得不做一些无下限的事情。

在熵增情况下，越来越多的MCN机构打起了中国传媒大学、浙江传媒大学、四川传媒大学、南京传媒大学等传媒类、戏剧类专业性院校的主意。通常会有三种方法：1.直接去招人，提供丰厚薪水，甚至远超互联网大厂能开出的薪资；2.校企合作，在其读书期间就对其进行培养，将其培养成专业性人才；3.共创，由学校提供场地，由MCN机构负责运营。以上种种，只为找到更适合的编导或达人。

抖音短视频内容的创作，主题一直是核心环节，如果核心环节出现失误或偏差，就会影响到后续的制作过程。于是，一项在抖音默许下的生意出现了。梅花网、新榜等专业性的内容平台，集聚了高热度及高传播潜力的主题，这些内容稍经加工就成了抖音内容。因为这些平台内容优质，改编后的内容也往往很容易登上抖音的首页成为爆款。这里请注意，抖音默认这是借鉴模板，而不是抄袭。抖音的消重算法机制允许创作者在拍摄和剪辑的手法上借鉴本平台或其他平台的优质作品，甚至可以直接套模板，但抖音也会利用消重算法倒逼创作者运用个人的主观能动性，确保这是独一无二的内容。

总体而言，抖音严格的消重算法，最大限度地保护了内容的原创性，消除了大量的重复性内容，保障了内容创作的正循环，让更多内容原创者积极参与到创作中。同时，抖音借助字节跳动大的后台大数据，分析用户的喜好和个人标签，为用户推送其最感兴趣的非重复性内容，使用户越来越喜欢。

赛马算法——平等性

抖音最大的好处就是：它给每个用户都提供了一个火爆的可能性。即使仅仅是一个可能性，也让更多的人趋之若鹜。

赛马算法是指，在同等条件下，系统会在一个公平的流量池中选择出好的内容进行重点推荐。

为了维护创作者之间的公平性，抖音采用了赛马算法机制：平台为每一个新上传的短视频分发一定数量的流量（初始流量池），并使其与同类短视频在行为指数（点赞、收藏、评论、转发）方面进行比对，选出用户喜闻乐见的内容进入下一个流量池；在二层流量池进行重复的动作，好的内容持续被用户选择出来；之后在三层、四层等流量池重复动作，最终实现爆款的筛选。

赛马算法是在互联网大厂运营中，为数不多的相对公平的玩法。这里就牵涉互联网大厂今天常用的两种运营机制：中心化机制、去中心化机制。

我们先抽象地解释下中心化和去中心化之间的区别：中心化是指，中心决定节点，节点必须依赖中心，节点离开了中心就无法生存；去中心化则更侧重节点，节点自由选择中心、自由决定中心。

中心化机制是指，由系统对用户或创作者发布的内容进行判断，并将短视频推送给可能对该内容感兴趣的用户观看。典型的运用该机制的公司有：twitter、新浪微博。中心化机制的运营模式导致平台的大部分流量集中在头部少数人手中，于是形成了超头部大 V。对于该机制来说，一旦形成头部大 V，其地位是非常难以撼动的；在这种情况下，中部、尾部也很难成长。这是中心化机制的特征，它让红人更红。由于中心化机制过分弱化普通用户在平台中的作用，因此会出现用户留存不佳的情况。普通创作者也会因为找不到突破口，失去该平台的关注。优质创作者的流失造成优质内容的流失，优质内容的流失造成优质用户的流失。

采用中心化机制的平台非常适合明星或其他有一定影响力的公众人物。许多新消费品牌或者是启动新项目的企业也会选择中心化机制平台投放广告，以期快速带动用户增长。毕竟在中心化机制的世界里，10 个当红头部大 V 即可覆盖一半的互联网网民。在字节跳动之前，国内互联网大厂平台几乎都采用该机制。（社交引擎不计算在内。）

也正是中心化机制，促进了 twitter、新浪微博的快速增长，使其能够依靠头部大 V 建立一个又一个具有超强影响力的话题圈子。采用中心化机制从一开始就决定了这样的公司只能成为强媒体性质的公司，而做不成社交性公司。

去中心化机制是指，内容分发不再由专业网站或特定人群产生，而是由权重等级平等的用户共同参与、共同创作，最典型的就是微信公众号、今日头条。当你的内容足够好，获得更多用户互动就可以得到更多的曝光和流量，却也因此出现了各种标题党和图片党，内容质量参差不齐。同时，去中心化平台在发展前期，用户增长非常缓慢，需要大量内容支撑，需要想方设法讨好用户。也正因为用户对自己观看的内容存在自主选择的权利，用户对内容创作者和平台的黏性也会更高。

字节跳动最大的好处是通过赛马算法，帮助好内容脱颖而出。当你的内容新发布的时候，抖音平台会给到 200 ~ 1000 人的初始自然流量；当你的内容达到 3% 的点赞率，就会自动进入第二层流量池，这时候平台给到的是 3000 ~ 5000 人的流量；只要达到 1% 的互动率，就会自动进入第三层流量池……

短视频内容每一次从流量池中脱颖而出，账号粉丝量都会随之增加，同时账号内其他内容的观看量也会增加，从而再次促进平台的流量倾斜。

所以说，抖音的算法不仅仅算流量，还算人性。抖音给每个账号、每个内容一个火的可能，在算法的加持下，每个人都有成为百万粉、千万粉大 V 的可能性。在抖音带动的泛娱乐生态中，众多草根获得了一个相对公平的竞争平台，只要有一技之长，就有机会。同时，抖音的快速增长也意味着个体经济的崛起，每个心怀理想、身有所长的人夜以继日、宵衣旰食地准备好内容，只为那一丁点的可能性。

叠加算法——为好内容加磅

你有没有想过一个问题，在不考虑内容、粉丝等情况下，为什么有的账号爆发性强，有的账号爆发性弱？即使将一模一样的内容转换下人物、场景等，获得的流量也是完全不一样的。

这涉及抖音的叠加算法。

叠加算法是指，新视频在被推荐的过程中，系统会自动为其增加权重。叠加算法的评判标准以内容的综合权重为主，关键指标包括账号权重、点赞、收藏、完播、停留、评论、转发等基础性行为。整个叠加算法分为很多级，采用大数据算法和人工运营相结合的方式，每一级都有自己不同的量级。详细可以参照上文中提及的抖音流量池。

叠加算法一般可以归类为四大方面。

其一，账号初始权重。账号权重是平台内影响作品曝光度的一项内在数值。由于刚刚进入平台，新账号的权重要低于一般的账号，需要长期的积累才能够达到以往优秀账号的水平。对于抖音大号而言，是否违规、违规的次数、发布内容的垂直度及内容质量的优劣等都将影响其权重。抖音为了增强黏性和活跃度，会要求账号尽可能地添加个人信息（头像、性别、年龄……），完成后也会获得一定的账号权重。除此之外，还有地理位置、标签、手机号等也会影响账号权重，具体内容会在下文详细剖析。

其二，已有粉丝反馈。已有粉丝所贡献的点赞、评论和转发等，都能够成为该视频获得叠加推荐的筹码。比如，一个拥有 1 万粉丝的账号，每一个视频都只有不到 100 人次的点赞和评论，这样的视频肯定无法获得系统的推荐。试想，如果连自己的粉丝都不愿观看视频，那么又怎么能够苛求视频在叠加算法中脱颖而出呢？因此，优质的短视频内容是获得叠加推荐的一个要素。这个机制也在一定程度上规避了刷粉的行为。假设一个账号刷了 1 万名粉丝，但这些粉丝要么是僵尸粉，要么是路人粉，根本就没有任何的互动行为，系统就会默认该内容属于垃圾内容。当多次出现这样的情况时，系统就会默认该账号属于垃圾账号。因此对于刚开始运营抖音账号的朋友来说，一定要慎重考虑刷粉行为，因为稍不留神就会把自己的账号刷成垃圾账号。

其三，初始流量池粉丝反馈。反馈就是点赞量、评论量、转发量和完播率等数据。初始流量池粉丝是指系统自动分配的流量，系统会通过分析他们的反馈来决定是否进行第二次推荐。一些新账号所发布的短视频在平台上的播放量少，很大程度上是因为初始流量池粉丝的反馈不佳而被终止推荐。一旦该视频获得了较好的反馈，该内容就会进入下一层流量池。平台如此循环往复，最终筛选出爆款。

其四，活跃度。当一个账号长久不活跃时，系统会默认该账号为"潜水号"，会降低其权重；如果一个账号每次发布的内容都只有百十人观看，那么系统会默认该账号为"僵尸号"，其权重也会降低。所以，想要增加权重，就需要不断地增加互动率（增加点赞、收藏、停留、完播、评论、转发等行为），其中最佳的方式就是蹭 KOL 的流量，从他们的评论区引流或与其直接产生互动，连麦 KOL 是目前来说最快的。所以，当一个超强账号出现的时候，再扶持账号矩阵是非常快的，超强账号可以凭借流量优势批量复制新账号。

以下几种方法可以帮助用户增加权重。

1. 上热门。附：上热门的几大评判标准。

（1）点赞的背后是认同（3% 上热门）

（2）评论的背后是参与（1% 上热门）

（3）转发的背后是有用（1% 上热门）

（4）完播的背后是精彩（1% 上热门）

（5）关注的背后是价值（暂时没有参考数据）

（各项热度的权重占比排序依次为：转发量＞评论量＞点赞量。）

2.找平台大标签。如针对男性的美女，针对女性的美妆护肤，以及男女通吃的宠物。试想一下，一个高颜值美女拍的唯美短视频会不会让男性朋友们多留几秒钟？一段关于萌宠的短视频，会不会萌化男女老少的心？

附：各年龄段用户兴趣类别排名及抖音平台四大内容偏向领域（见表5-1）。

表5-1　各年龄段用户内容偏好及抖音用户整体内容偏好

18—23岁用户兴趣类别top10	游戏、影视、二次元、运动、音乐、创意、旅行、演艺、美食、舞蹈
24—30岁用户兴趣类别top10	影视、二次元、游戏、美食、演艺、运动、汽车、旅行、创意、舞蹈
31—40岁用户兴趣类别top10	汽车、美食、影视、运动、二次元、演艺、旅行、创意、舞蹈、音乐
41—50岁用户兴趣类别top10	舞蹈、音乐、汽车、旅行、创意、美食、运动、演艺、二次元、影视
50岁以上用户兴趣类别top10	舞蹈、音乐、汽车、旅行、创意、美食、运动、演艺、二次元、影视
抖音四大内容偏向领域	帅哥美女、萌宠、萌娃、搞笑

3.关乎美。"爱美之心，人皆有之"，关于美的内容大多会被关注，如一段更高质量的表白、一个烟雨朦胧的江南小院……

初始账号权重

对于一个新账号而言，第一重要的就是账号权重，我们来看看抖音对账号权重的定义。

僵尸号：如果持续一个星期新发布作品播放量在100次以下，这类账号就被视为僵尸号，这种账号的抖音权重几乎等于0（建议重新注册）。

最低权重号：如果持续7天新发布作品播放量在100～500次徘徊，就是最低权重号，只会被推荐到低级流量池。如果持续半个月到一个月没有突破的话会被降为僵尸号。

抖音中途降权：如若直接复制其他平台的视频而没有经过二次创作，或者说这个视频被多人搬运，且被平台识别到，系统就会进行降权。

待推荐账号：如果发布的视频播放量持续在1000～2000次，这时其抖音账号权重还是比较高的，系统会把该账号识别为待推荐账号，并且放在一个等待推荐的流量池中。

待上热门账号：视频播放量持续在5000次以上的账号，为待上热门账号，其本身抖音权重就特别高，离上热门只有一步之遥！（为了加快进程，可以选择蹭最新话题活动、挑战与达人合拍等。）

抖音热门账号：视频播放量持续在1万次以上，该账号权重最高，应主动参与各种官方推荐的最新话题、挑战活动等。

判断账号推荐权重的四个维度

其一，垂直度。画面风格尽量一致，包括字幕大小、颜色等，做到整洁统一。头像、昵称合规，有吸引力。尤其要保证内容的一致性，抖音平台会对创作者的内容进行定位，保证视频内容与个人抖音账号的定位一致，以强化用户对创作者的印象。细心的内容创作者会发现，很多头部大V的场景都是固定的，甚至连衣服都是固定的。

其二，活跃度。1.第一个视频与第二个视频的发布时间最少要相隔6小时，最多不要超过1周。2.作品发布时间一般在4～5点,12点～13点,18点～20点。3.发布内容，每周不少于5条。

注：13～17秒的视频更受用户的喜欢，相比20秒以上的视频，完播率提高了96.3%，转发和评论率分别提升了3.03倍和5.45倍。

其三，健康度：完播率越高，健康度越高，推荐率也就越高。1. 画质画面：视频不能模糊。以竖屏拍摄为主，竖屏的推荐率比横屏高出40%。2. 内容：尽量原创，没有好的内容就模仿热门。3. 标题：往抖音大方向走。

其四，互动度。1. 作品：故意留槽点，结尾留下疑问，故意制造场外神镜头，让用户主动参与后续评论，要知道在抖音的算法中，评论可比点赞值钱。2. 标题：视频描述＋引导评论＋转发对话话题。3. 评论：作品刚发布的时候，找几个小号进行神评论，神评论更容易激发其他用户的评论欲望。

如何追热点

1. 每日新闻：能够在海量信息中上头条的，一定是精挑细选的，跟着走一般没错。对于新闻类热点，一定要再三判断其方向性，不要出现方向性错误。

2. 抖音音乐库：重点关注飙升榜、热歌榜，这是抖音根据用户行为记录所得出的，具有一定的客观性。甚至说，在抖音APP中，音乐的重要性在一定程度上高于短视频内容的重要性——从"抖音"这个名字就能看出其对音乐的重视。做个实验，打开一个抖音热门短视频，把音乐关掉再重看一次，氛围感就没了。我之前采访过某MCN孵化公司，他们目前已经孵化了十几位千万粉丝级的达人。他们之前做过测试，东北主播的留存率高于其他地区，因为其声音更有辨识度。声音，也成为众多大型MCN机构的硬指标之一。

3. 发现页热搜。

4. 发现页热门挑战。这是抖音主动炒作的内容，抖音为了保证官方策划的内容取得好成绩，也会拼命地进行流量倾斜。

5. 视频拍摄贴纸框。

挖坟算法——二次曝光

一件产品，它在刚被生产出来的那刻或许不重要，但随着时间的流逝，它可能会突然变得很重要。比如明朝时期生产的一件青花瓷制品，在当时可能只是一个容器，到今天就成了一件古董。

短视频内容的产生也具有相似性，刚生产出来的内容，可能因为这样那样的因素并没有被推荐，但在特定时间又被大家所需要。抖音平台充分考虑到这一点，它给每一个短视频内容都提供了二次可能性——挖坟算法。

抖音短视频创作者将精心拍摄的视频发布在抖音平台后，若短期内没有得到平台用户足够多的反馈，千万不能灰心，一定要坚持通过既有渠道进行分享和推广。因为一旦你的某一个短视频受到用户的欢迎，就有可能触发抖音算法的挖坟机制。系统对该短视频进行二次推荐，甚至可能提升创作者账户下所有短视频作品的播放量。这是挖坟算法的第一个好处。

但上述一切的前提，都需要建立在短视频创作者发布的视频内容能够让平台用户产生点赞、分享意愿的基础上，这就需要短视频的内容足够优质。因为一个抖音短视频，无论是从默默无闻到火爆一时，还是由红遍全网到回归沉寂，都绕不开吸引用户关注的根本原因——内容。

在内容为王的时代，一两个爆款短视频不足以支撑一个抖音账号的长远发展，爆款的作用仅限于打开一个抖音账号的知名度，要想长时间维持账号热度，并使账号中以往发布的短视频获得抖音挖坟算法的二次推荐，就要做到短视频内容的持续更新和不断积累。为了不断触发挖坟算法，也要尽可能做到内容的一致性，最好是实现视频内容和账号定位的一致性。从这方面来说，这与叠加算法是统一的。

挖坟算法的第二个好处就是——消除了无内容的尴尬，好内容不是每天都有的，有时候会遇到瓶颈或由客观因素导致内容质量下降或重复，造成内容缺位。对于一个内容创作型平台来说，最痛苦的就是内容枯竭，而二次挖掘能够让内容持续不断地循环。不断地挖坟测试，也可以更加全面地判定一个账号是不是好账号，一个内容是不是好内容。

挖坟算法的第三个好处就是，可以更好地帮助搜索引擎做内容沉淀。在字节跳动的巨大数据库中，对每个视频内容进行标签化，也可以使搜索引擎更加精细。当用户通过搜索引擎搜索某一个关键词时，同时可以触发挖坟标签，最终转动推荐引擎和搜索引擎双重飞轮。标签在不断的验证中，也会变得更加精准。平时对搜索引擎使用比较多的朋友，相信都有感觉，字节跳动的搜索引擎是优于其他平台的。

拉黑算法——保证良性

对于任何内容型平台来说，保证平台的安全、健康发展才是最为重要的，因此平台必须拥有一套完整的审核机制帮助平台自动检测，使平台本身实现健康有序的运行。

拉黑算法是指，抖音在一定的审核机制下，对一些不良视频进行低流量推荐或不推荐，甚至是屏蔽删除的一种算法机制。

抖音短视频在发布之后，需要经过消重、审核、特征识别和推荐四道程序。

视频上传，首先进入机器审核，触发人工智能模型的画面和关键词审核，同时系统会随机提取视频中的片段导入数据库，与数据库内容进行消重比对：如果是重复型视频，会对其做低推荐处理或者使其直接下架；如果视频没有问题，就会根据该账号的权重给到初始流量（即使其进入初始流量池），同时系统自动判定叠加算法的加权项，在赛马机制的算法下，根据用户互动情况判定是否使其进入下一个流量池。

机器审核的设定是，内容流量池级别越高，审核越严。在刚开始只抓取宏观的违规，随着曝光量越来越大，审核越来越趋向微观。因机器审核的三角形，偶尔也会将一些内容打上不合理的标签。比如某视频在发布了一段时间后突然被限流或下架，大概率就是多次审核中的漏网之鱼，一直到人工复审的时候被拿下。

由于抖音每天上传的视频数量极其庞大，在小流量池中运转的视频几乎都由机器自动审核，在达到一定曝光规模后才会进行人工干预。比如今日头条的人工干预是在曝光量达到 10 万时进行的，人工会对该文章进行二审，看该内容是否符合社会主义核心价值观。当然了，并不是说在小流量池中，人工审核就不会介入，为了保证内容的健康，人工也会进行随机抽查审核。另外，为了加强机器审核的智能化，抖音开发了人工智能预警系统，对发布的内容进行更为精细化的标签分类检测。

目前来说，抖音对违规账号的低推荐、封禁，主要涵盖四个领域。

1. 不符合社会主义核心价值观。对此，系统会直接采取封禁，并且该类视频再无申诉的可能性。

2. 触碰平台底线的内容，除了上述不符合社会主义核心价值观的内容，还包括在抖音平台大肆宣传淘宝账号、微信账号，为其他平台引流等，严重损害了平台自身的利益，系统也会进行低推荐、封禁处理。

3. 搬运、抄袭账号，抖音是内容性平台，内容的健康是重中之重，此类违规包括发布他人原创内容，无版权、授权转载其他平台内容。

4. 刻意营销。如果视频中过分宣扬某品牌标志、快递单、外卖订单等具有营销性质的物品，出镜的时间过长，就会被系统自动判定为营销内容。

（更细的拉黑细则可以关注抖音官方公示。）

搜索引擎——拓宽边界

当平台型公司到达一定体量的时候，即成为搜索门户公司。虽然早期的字节跳动没有刻意开发搜索引擎，还是以推荐引擎为主导，但当内容爆炸与标签细化之后，以悟空浏览器为核心的搜索引擎被正式推出。

正如在谷歌刚创立的时候，大家普遍不看好，认为它不过是另一个"搜索引擎"，并没有实现技术性和商业模式的创新；并且，就当时的美国市场来说，搜索引擎市场被雅虎和 LYCOS 等公司牢牢占据，谷歌即便做搜索引擎，也只能在利基市场与它们竞争。但谷歌真正颠覆了搜索引擎，谷歌基于相关性和收入最大化的 AdWords 自主广告系统，使其通过每次搜索产生的收入远远超过之前的搜索引擎。同时，随着互联网用户和内容数量以超线性速度增长，过滤和查找相关信息的难度越来越大，用户对正确信息的诉求越来越强，这使搜索引擎变得越来越重要。因此，将这种诉求效应和互联网本身快速增长的优势叠加，成就了新的商业模式，凭借这一优势，谷歌拿到最后一张搜索引擎的船票。

而今天字节跳动提供的推荐引擎已经承载不了用户的大量信息诉求，推荐引擎造成的信息茧房后遗症越发明显，搜索引擎刚好在一定程度上解决了这些问题，搜索引擎所提供的用户主动性搜索，为字节跳动提供了源源不断的标签。在推荐引擎＋搜索引擎双重作用下，用户标签越发明确，字节系产品所能提供的内容越发精准。

除此之外，在商业化端，搜索引擎为字节跳动提供了新的广告窗口，增加了新场景和变现路径。最重要的是，随着兴趣电商触顶，全域电商提出，搜索引擎在一定程度上弥补了字节跳动货架电商的短板。

如果说今日头条、抖音是两个相关联的发动机，那么悟空浏览器则是两者交集后的产物，为用户主动行为提供了路标。对于字节跳动生态位来说，悟空浏览器是辅助性产品，并且是最重要的辅助性产品之一。

用户偏好算法推荐 + 用户反馈 + 主动搜索，会加重信息茧房效应，因此抖音在对内容进行推荐的时候也会关注信息茧房的问题，会在充分了解用户的喜好之后，按照一定的频率推荐类似的视频，同时叠加兴趣标签相似性、用户画像相似性、内容生产相似性，不断拓宽信息推送内容。

再次强调，不要小瞧了字节跳动的搜索引擎，这不是对搜索引擎 1.0 版本（如百度）的简单重复，在整合优化集成服务商的过程中，字节跳动做了大量准备工作。

供求曲线模型——内容与流量的最优解

对于抖音来说，它要保障内容的产出，又要平衡流量的分发。

比如对某一话题的策划、炒作要在可控的范围内，达到流量运用的最大值，既让用户感觉有意思，又不能让用户反感。

而抖音也恰好找到了最优解，即动态流量分发。当需求大于供给的时候，算法会自动链接相似内容或相似标签，增加内容的广度，使得在一定程度上达到动态平衡；同时，抖音后台也会通过悬赏的方式，紧急增加与该内容相关的话题。当供给大于需求的时候，算法会自动屏蔽一些泛泛而谈的内容、无关紧要的内容，增加内容的深度，让大家加深对该内容的了解；同时，抖音后台也会撤销对该内容的悬赏。如此循环往复，抖音平台始终保持供需平衡，保证内容的可持续。

举例说明，当电影《四海》刚上映的时候，为了增强电影的影响力，抖音会在创作者中心开通《四海》的创作专栏，鼓励创作者进行相关内容的生产，再加上官方的推流，一瞬间将《四海》话题引爆。而当电影《四海》上映一段时间后，关于《四海》的内容骤减，抖音又开始重新调整推荐权重。

实际上，这和 Uber 匹配车辆、美团匹配配送员的匹配机制，在逻辑上是相同的，区别在于应用场景。

第六章

TikTok 的成长

海外短视频市场的情况

国内短视频赛道卷，国外同样在卷。

Viddy，短视频分享 APP，背靠 twitter，可以源源不断地获得 twitter 提供的流量，同时能够及时了解用户喜好，并根据用户喜好引导内容方向。产品设计上注重便于操作、跨平台分享和内置社区，借助 twitter 和 facebook 进行扩张。

Socialcam，移动视频社交 APP，其最大的特点就是无视频长度和储存空间限制，可以将视频上传至云端，经过特殊视频处理器再推送至 facebook、twitter、YouTube 等平台进行宣传，内容来源主要为 YouTube。

Musical.ly 成立于 2014 年，创始人是阳陆育，虽然办公地在上海，但用户群体却在大洋彼岸的西方国家。在刚开始的时候，几乎没有人认为他们能够做好国际市场，毕竟连腾讯这样的巨头出海都铩羽而归。定位的不可控性决定了 musical.ly 融资不顺。Musical.ly 在最困难的时候碰见了猎豹移动的创始人傅盛，最终在对赌的条件下，猎豹移动向 musical.ly 投资 500 万元。对于猎豹移动来说，这次投资只是其投资版图中的一小块，但就是这一小块为猎豹移动带来了巨大回报，日后，musical.ly 的市值甚至一度超过猎豹移动主体公司的市值（估值 3 亿～ 5 亿美元）。

Musical.ly 真是一个神奇的软件，它打破了所有传统的营销规则，没有花钱做广告，也没有专门做过营销活动，而仅仅依靠用户自发使用进行口碑传播。也是这一好的开端，让 musical.ly 成为用户反馈最好的短视频软件，也成为粉丝黏性最强的 APP，甚至会有很多志愿者免费帮助 musical.ly 做事情：一起写代码，一起修改内容等。这些用户成为 musical.ly 的忠实用户，并充当了行走的 KOL。从这点来看，musical.ly 的起家过程和小米非常相似，用户和员工一起劳动，一起为了一个共同兴趣爱好付出时间和经验，而且是义务劳动。

Musical.ly 也曾在国内推出中文版 muse，并把总部放在了核心城市北京，但最终还是失败了。虽然 musical.ly 在国际上取得了巨大成功，但这套规则在国内是完全行不通的。在国内要想催熟一个软件，除了注重产品质量，还要有足够多的弹药（资金投入）。

收购

中国在国际上有没有拿得出手的公司？

有，但不多，字节跳动刚好是其中一个。

字节跳动不仅仅活跃在国内市场，同时也积极活跃在国际市场。2017 年，字节跳动便成立短视频内容平台 TikTok 参与国际市场的争夺。

2016 年 10 月，字节跳动投资印度最大的内容聚合平台 Dailyhunt；

2016 年 12 月，字节跳动控股印度尼西亚新闻推荐阅读平台 Babe；

2017 年 5 月，TikTok 上线；

2017 年 7 月，Vigo Video 上线；

2017 年 11 月，收购全球移动新闻服务运营商 News Republic；

……

通过前期投资与收购，字节跳动对海外市场做了充分了解，那么接下来就是开发与验证。

还记得抖音最开始的名字吗？A.me。当初使用这个名字，字节跳动全方位地做好了版权和安全工作，于是在进行海外扩张的时候，还是以 A.me 为名进行对外宣传。为了在海外站稳脚跟，TikTok 一开始并未刻意强调内容，而是强调用户增长和使用体验。这与大多数出海公司的套路几乎一致，因为在海外，其他套路几乎无用，国内用户会为了几块钱的优惠券疯狂下载，但海外用户不会。

在所有的短视频 APP 中，musical.ly 的用户数据非常耀眼，DAU 达到 2000 万。Musical.ly 和抖音的用户定位也非常类似，同样从年轻用户群体切入，都由 90 后、00 后占主导，并且占比在 80% 以上。同时，musical.ly 的日活用户 30% 以上是北美用户——musical.ly 和 TikTok 之间几乎没有重叠用户。以上所有的条件，都符合字节跳动的需求，两家公司能否走在一起就差临门一脚。但这时，同样关注短视频市场的 facebook、快手出现了，字节跳动最终不得不在高附加条件的情况下完成了对 musical.ly 的收购。此次收购，不仅仅是收购 musical.ly 本身，还连带收购了猎豹移动其他的一些业务——虽然猎豹移动打包的也都是一些短视频业务，但对于当时的抖音来说并没有多大价值。最终，张一鸣同意以 8660 万美元收购猎豹移动的信息聚合应用 News Republic，向猎豹移动的直播平台 Live.Me 投资 5000 万美元，并另外用 8 亿美元收购 musical.ly。即便这是一个非常苛刻的条件，但字节跳动从全局出发还是选择了买单，从这里我们也可以看出张一鸣极强的战略导向能力——当笃定一件事情的时候，他会不遗余力地 all in（投入），一如当时将战略重点从图文领域转移到短视频战场。

字节跳动的收购回报是巨大的，在 2018 年的时候 TikTok 即冲到了全球下载榜单 top10。

2018 年 8 月，为了更好地集中力量，抖音最终还是决定将 musical.ly 与 TikTok 合并，对外统一使用 TikTok 域名。而在合并之前，musical.ly 的 MAU 为 1 亿，TikTok 的 MAU 为 5 亿。

在 musical.ly，平台只进行弱干预，所以用户会获得更好的体验，但 musical.ly 也因此错过了最佳的扩张时间点。而对于一家商业公司而言，时间就是生命。合并后的 musical.ly 逐渐使用 TikTok 的机制，简化用户注册流程，优化界面和推荐机制，将用户增长放在首位。通过一系列的融合，musical.ly 的用户停留时间增长了 40%。

出海试点

中国企业出海一般都会选择东南亚国家作为试金石，不论是腾讯系还是阿里系，都把东南亚作为自己的第二业务增长点。

一是受产业转移的影响，刚开始产业由欧美发达国家转移到日、韩等东亚国家，之后再转移到中国，最后转移到东南亚国家。选择东南亚，符合产业转移趋势。二是东南亚华人华侨众多，大家在语言沟通和生活方式上有极强的相似性。三是东南亚国家人口众多，约 5.6 亿人，几乎相当于中国人口的一半；其中，印度尼西亚是首选市场，印度尼西亚拥有 2.68 亿人口，占到了东南亚人口的 45%，且印度尼西亚人口结构以 30 岁左右的年轻人为主，完全符合互联网成长逻辑。四是劳动力低廉，公司用工成本低。

而攻克东南亚市场只意味着出海首战成功，因为出海东南亚成功只能算作产业转移的成功，出海成功与否还在于能否在和西方国家企业的竞争中生存下来，从经济角度来说，成功的标志是拿下更高成交客单价，推出更多的互联网便民服务。

TikTok 干脆绕开了东南亚的市场，直接选择硬刚发达国家。拿下发达国家市场再进行发展中国家迁移就方便了很多。

面对发达国家市场，musical.ly 已经进行了尝试并拿到了基本数据；基于 musical.ly 的努力，TikTok 选择了文化相似的东亚市场，日本和韩国是较佳的试验场。

1. 日本与韩国都是发达国家，立足日韩市场，能够为以后与欧美发达国家的企业竞争经验积累。

2. 两国都处于亚洲，日本人、韩国人与中国人在生活习惯上有一定的相似性。

在对日本和韩国的选择上，TikTok 也做了细致的比对。

1. 与中国人类似，日本人也偏向去大公司上班，或者是去体制内上班。

2. 日本爱国主义氛围浓厚，保护本国企业发展。这一点和德国非常相似，二战之后，德国处于百废待兴的局面，为刺激本国经济产业发展，即便本国产品品质差且比进口的同类产品贵，德国人也竭力购买本国产品。

3. 三星集团产值占韩国 GDP 的 27%，在很大程度上影响韩国经济的发展，因而韩国经济的垄断程度较高。这也使得在韩国发展面临着较难克服的困难。

因此，综合来说，日本比韩国更适合。

TikTok 做了一件在当时看上去非常困难，但对未来极为有益的事情。2018 年，在日本著名出版社自由国民社主办的年度新词与流行语评选活动中，

"TikTok"被提名；同年，在日本初高中生流行语大评选中，"TikTok"在APP分类下排名第一，在流行语分类中排名第四。在用户转化上，TikTok全体平均支出金额约85862日元，合4174元。当在日本试点成功后，TikTok在国际上的发展进入快车道。

2018年TikTok登陆东南亚，并在泰国、菲律宾、马来西亚等国家纷纷拿下APP store下载榜第一的成绩。而在东南亚，TikTok又碰到了老对手——快手。之前快手也曾意图出资收购musical.ly，但被抖音截和。也正因为如此，在出海道路上，抖音比快手有了先发优势。在东南亚，TikTok把在国内已经实验成功的灵魂出窍、一键换脸等特效复制推出，在本地获得了巨大反响。而快手只能依靠自家平台Kwai把musical.ly当初走过的路重新再走一遍。时间上，TikTok抢占先机；同时，Kwai想达到同样的市场地位，需要支付更高的成本。

特朗普事件

拉动GDP增长的三驾马车：投资、消费、出海。

TikTok是成功出海的企业，是真切落实国家政策的企业。巨大的增长和利好，让西方国家坐不住了，于是各国纷纷出台制裁措施，其中当属美国的制裁最为轰动。

> **TikTok威胁了美国的国家安全。**
> ——唐纳德·特朗普

2020年8月，特朗普相继对TikTok、微信下手，准备在美国封禁这两个

APP，就像美国此前采取一些措施抵制中国的科技公司中兴、华为一样。

不仅仅是中国的企业，日本的多家半导体公司曾经都有过类似的遭遇。如今的美国是全球科技的巨头，仅微软、苹果、谷歌、亚马逊、英特尔几家公司就让全球其他所有的科技公司不能望其项背。然而在 40 年前，日本才是全球首屈一指的半导体行业的领导者。

当时美国最牛的科技公司惠普的测试结果表明，日本货的良品率远远高于美国货，日本龙头公司 NEC、东芝、日立、卡西欧的良品率比美国某著名公司高 6 倍。日本公司的市场份额也不断上涨，到了 1980 年，完全超过美国，成为半导体行业的霸主。1986 年，日本半导体产业在 DRAM（动态随机存取存储器）市场的份额占到了 80%。此后，美国对日本进行了一系列的打压，最终迫使日本签订了《日美半导体协议》，使日本逐渐失去了在半导体行业的霸主地位。

总而言之，只要有外国企业在某一领域快速发展，美国政府就会运用自己在全球市场的经济优势对其进行打压，防止全球经济市场格局变动。综合来看，有关基建①的公司，全球还是以美国公司为核心。即便个别国家的企业发展非常迅速或者占据较大市场份额，也多为劳动密集型企业，或者是对技术要求不高的粗加工型企业。

一家初创公司在快速增长的时候，难免会陷入危机事件当中。就比如，Snapchat 早期给用户留下的印象就是专攻大学生群体的色情信息平台。

而 TikTok 在美国的扩张也面临相似问题，早期 TikTok 以古怪尴尬的视频闻名，这也导致美国民众在 TikTok 的留存率只有 10%。

还有就是，TikTok 为了增强处于扩张状态时的现金流能力，需要在一定程度上进行变现，而 TikTok 近 80% 的收入来源于广告，于是，广告就变得越来越多。在这一点上，国内用户和海外用户是完全不同的；在国内，为了省会员费，

---

① 此处特指由互联网发展带来的便民服务，如手机生活缴费等。以下如无特别说明，基建均表示此意。

用户可以看 60 秒的广告视频；但在西方国家，这种运营玩法接受的人会减少。

刚开始大量的广告与垃圾内容，不仅给美国民众留下了非常糟糕的印象，也成了日后美国政府对 TikTok 横加干涉的理由。

当然，最重要的还是所谓的"信息安全问题"，美国政府宣称 TikTok 的信息高速流动调动了美国民众的情绪价值和个人隐私，于是美国政府迅速通过不信任案。关于 TikTok 在美国的实际情况，我摘录了美国媒体的一些报道，大家可以自行评估。

《洛杉矶时报》：无证据表明 TikTok 会损害美国国家利益。

CNN：封禁 TikTok 更多是特朗普政府的政治行为，只要是中国的公司成为新闻焦点，马上就会成为特朗普政府攻击的对象。

律师：针对所谓的数据安全问题，美国格知律师事务所律师在接受记者采访时指出，这一指控没有根据。

人权组织：美国民权联盟在社交媒体发文称，特朗普意图封禁 TikTok 的做法，对言论自由是一种威胁，美方在拿不出任何证据的情况下对中国企业做"有罪推定"并发出威胁，暴露了美方所谓维护公平、自由的虚伪性，违反了世贸组织的开放、透明、非歧视原则，不利于美国民众和企业利益。

自打成立以来，抗议、游行、诉讼和封杀在全球各地轮番上演、此起彼伏。归纳起来，TikTok 有"七宗罪"——不正当竞争、不安全、大数据杀熟、影响私生活、诱导未成年人、行为违法、对客户发布虚假广告。

但各国的围追堵截没能影响 TikTok 的迅猛增长。全球"反 TikTok 运动"反而为 TikTok 做了大规模的免费广告，TikTok 获得了一般初创企业难以企及的知名度。美国的打压程度越重，越代表 TikTok 的国际化水平取得了成绩。还记得之前被美国打压濒临破产的中兴吗？现在已经沦为了三线企业。之后的华为也被迫在 5G 时代销售 4G 手机。

上面所有的争论都是表象的报道，其实，对于任何一个国家和民族而言，文化输入才是最可怕的。相较于之前的图文时代，在短视频时代，一个国家的文化输出能力会更强。

周受资的坚持

当内部矛盾不可调和的时候，一般有两种解决方案：一是转移矛盾；二是改革。因改革涉及的利益方关系错综复杂，一个诱导因子就可能引发连锁反应，让事件本身愈演愈烈，甚至发生质变，所以改革的困难远远高于矛盾转移的困难。

俄乌冲突就像一个泥潭，让每个参与的国家和组织深陷其中。美国在内外交困的情况下，又再次将主要矛盾转移到中国。因此，站在前沿的 TikTok 被迫受困。这场闹剧和特朗普事件如出一辙，或者根本就是特朗普事件的延续。

2020 年 8 月 6 日，时任美国总统的特朗普签署行政令，称 TikTok 对美国国家安全构成威胁，将在 45 天后禁止任何美国的个人或实体与 TikTok 及其母公司字节跳动进行任何交易。8 月 14 日，特朗普再签行政令，要求字节跳动在 90 天内剥离 TikTok 在美国的所有权益。9 月 18 日，美国商务部同样以所谓的保护美国国家安全为由，禁止 TikTok 在美国境内进行相关交易。

2023 年 3 月 23 日，TikTok 首席执行官周受资出席美国国会众议院能源和商务委员会听证会，接受一系列质询，这场听证会以"美国国会如何保护美国数据隐私并保护儿童免受线上伤害"为主题。

TikTok 能接入家里的 Wi-Fi 吗？

你能保证 TikTok 不访问用户数据吗？

——美国国会听证员

在此次听证会中，美国政府坚持TikTok犯有两大罪状：一是威胁美国国家安全；二是影响青少年儿童。在这场长达五小时的"公开围猎"中，TikTok首席执行官周受资面对盘问耐心回复，重申了TikTok是一家正规且合法的国际性公司。

针对前者，周受资表示：TikTok 早已推行"得克萨斯"计划，将数据迁移到甲骨文公司的服务器上，并且在美国本土依法经营；没有任何证据表明，中国政府可以访问这些数据。

TikTok 将用防火墙保护美国用户数据免受未经授权的外部访问。TikTok 仍将是一个自由表达的平台，不会被任何政府操纵；将保持透明，并允许第三方独立机构进行监督。

——周受资出席美国听证会公开资料

针对后者，周受资表示：

超过 1.5 亿名美国人喜欢我们的平台，TikTok 承诺把安全，尤其是青少年的安全，放在首位。

——周受资出席美国听证会公开资料

TikTok 的"原罪"是身份问题。周受资表示：TikTok 在美国的MAU已经从 2020 年 8 月的 1 亿上升到 2023 年 3 月的 1.5 亿；除此之外，TikTok 在全球的DAU已经突破 10 亿（按活跃度分布来排序：东南亚＞南美＞北美＞西亚）。TikTok 上每天都有大量的互动和交易往来，用户在 TikTok 上能够实时了解全球各地有趣的事情，对 TikTok 产生了很强的信任感。对美国来说，这么强的技术性的公司不属于美国，是难以理解的一件事。

> 如果美国要求，TikTok 与中国脱离关系，你们会怎么做？
>
> ——美国国会听证员

从美国国会听证员的措辞来看，将 TikTok 占为己有已经成为美国政府的战略目标，发生在华为身上的不公正事件又在重演。

从目前的结果来看，TikTok 事件不仅涉及经济问题，TikTok 已然成为某些别有用心的人的筹码。

从特朗普政府威胁发布行政令，禁止 TikTok 在美发展业务到强迫字节跳动将 TikTok 出售给美国企业，再到拜登政府的种种无理打压，美国政府用霸凌手段打击别国企业在美国的合法经营，已经成了不可争辩的事实。

实际上，这场听证会迟早要来，而且其形式大于内容。

每个议员五分钟时间，每个人喋喋不休地质问。他们压根就不关心周受资的回答，他们只是将 TikTok 当作一个靶子，他们的目的也很简单：通过打压 TikTok 来立威。

美国政府换届，每位议员都想趁此机会拉升选票和国民支持率。

关于 TikTok 在美国的实际情况，我再次摘录了美国媒体杂志的一些报道，大家可以自行评估。

2023 年 3 月 22 日，部分美国国会议员及数十名 TikTok 内容创作者聚集在美国国会大厦外，举着写有"保留 TikTok"的标语，以示抗议。

纽约州民主党众议院贾马尔·鲍曼：我的疑问是，为什么会出现歇斯底里和恐慌的情绪？为什么会把 TikTok 作为攻击的目标？ TikTok 为 1.5 亿名美国人创造了一个言论自由的社区和空间，而且这个数字还在增加。TikTok 是一个教育工具，也是一个 500 万小企业销售产品和谋生的地方。

《华尔街日报》：美国网红向美国国会喊话，禁止该应用程序将激起民众的广泛反对。

路透社：如果缺乏法律依据，美国将很难全面禁用 TikTok。

TikTok 创作者杰森·林顿：我使用 TikTok 来分享对家人的爱，我要求我们的政客们，不要夺走我们建立的社区。

网红组织创始人艾丹·科恩·墨菲：TikTok 是年轻人相互交流和参与公民事务的最有力的工具之一。

TikTok 商业化路径

细心的朋友会发现，TikTok 的成长路径几乎就是对国内市场的成长路径进行一遍复刻，只不过在复刻的时候会充分调研当地的市场，结合本土实际情况调整战略。

2017 年 TikTok 上线，刚开始主要以市场测试和用户增长为主要目标，这段时间 TikTok 为自身的成长积累了丰富的实践经验。

2019 年 11 月，探索用短视频为电商引流，开始为做电商试水，刚开始也借用了外链。

2020 年 6 月，广告优化。国内外广告投放策略是不一样的，国内喜欢高大上的宣传性广告，而在海外更喜欢实用性广告。

2020 年 12 月，TikTok 发力直播电商，这时候的 TikTok 相当于 2018 年的抖音，处在早期测试阶段。沃尔玛与 TikTok 合作，首次在 TikTok 平台测试了直播购物活动，该活动让沃尔玛的 TikTok 粉丝数量增长了 25%。

2021 年 4 月，进军东南亚，直播首战便在印度尼西亚告捷。

2021 年 6 月，进军欧洲，开设英国 TikTokshop。

2022 年 4 月，深耕东南亚，先后在泰国、越南、马来西亚、菲律宾取得高速增长。

受 TikTok 直播电商推动，美国的互联网巨头也加紧了直播带货的步伐。

Facebook 收购了 Packagd（一个视频购物初创企业），以发展 facebook和 ins 上的视频购物。而 Shoploop（谷歌的移动视频购物项目）被整合到搜索业务中。

亚马逊通过 QVC-like Amazon live 进行直播购物。

TikTok 未来出海的可能性

电商大盘在海外市场的增速可以达到 35%，2025 年，预计海外市场规模1.2 万亿美元。短视频领域，2025 年规模预计 1358 亿美元。在中国市场饱和的情况下，出海将成为新的增长点。

截止到 2022 年，TikTok 的装机量已经高达 20 亿，DAU 高达 8 亿。

电商方面，2022 年上半年 GMV 超 10 亿美元，与 2021 年全年的 GMV 持平，增速近 50%。

广告方面，2022 年在 130 亿 ~ 150 亿美元，2023 年预计在 500 亿美元。

广告类型主要为：信息流广告、开屏广告、红人营销、贴纸、超级首位、品牌挑战赛。

TikTok 用户分布：亚洲，49%；北美洲，20%；欧洲，17%；南美洲，11%；大洋洲，1%；非洲，2%。从国家角度讲，用户增长最快的是印度尼西亚。美国的情况较为特殊，据内部消息，未来字节跳动大概率会开设独立的美国站，招募本地员工，实现本土化运作。

同时，TikTok 进一步加强与 Shopee 的对标，在最短的时间运用"大力出奇迹"的手段实现覆盖。当然，TikTok 的成功并没有被直接转为跨境电商的成功。平台小二为了 OKR（目标与关键成果）而采取的跟单模式①，也让商家之间的内卷变得无序。

---

① 跟单模式指，当 A 商家通过某种商业运营手段获得成功后，平台小二就会将该手段同步给自己负责的 B 商家，以实现自己业绩的增长。

第七章

巨大的威胁与新机遇

人才招聘的困局

唯学历论

我们先来看下大环境。

2022 年高校毕业生有 1076 万人；2021 年研究生毕业人数有 94 万，2022 年研究生毕业人数有 130 万；2021 年研究生报考人数 400 万，同比 2018 年增长 50%。

在这样内卷的情况下，学历含金量下降。在学历浪潮下，某大厂 HR 甚至喊出：重本毕业生的简历都看不过来，重本以下的也算简历？

首先，我肯定学历的重要性，学历高的人不一定有多聪明，但一定比学历低的人更自律。

其次，我们都知道，一个人的成长与所处环境强相关。学历高即代表其毕业院校优秀，重本院校教授的内容会更加全面和系统，学生看到以及了解这个世界也会更加及时。他们拥有更多的试错机会和积累经验的机会，这些都不是普通院校学生所具备的。就以图书馆为例，重本院校会有更多的藏书和数字资源，充分利用的学生能够建立更加成熟的世界观和价值观。此外，重本院校的学生，身边接触到的也多是优秀的人。

如果一个高考没有考好的学生，上了一个普通本科或者是专科，但他在学校期间很努力，请问结果是怎样的？

HR：很抱歉，我知道你大学时非常努力，但你不是名校生。

在HR的眼中，他们只会关注你从哪个学校毕业，这是对话的前提。

但学历真的有那么重要吗？抱歉，不重要。想想我们在学校时的情况吧：一个寝室80%的人在打游戏，另外19%的人出去谈恋爱；当然，我们不排除有1%的人保持了优良传统——读书。大部分的人能学到什么呢？

因此，对学历的过分看重当然是病态，但却没办法，主要原因是大学生太多了。有一个段子是这么说的："找个拧螺丝的不容易，找个大学生还不容易？"

作为国内为数不多的互联网大厂，字节跳动为了更快地筛选人才也不得不加入这场"学历竞赛"。这不是字节跳动的错，或者说，这不是互联网公司的错。字节跳动呈现出极强的爆发性，使其刚好网罗了年轻的、在互联网影响下长大的人群，这比之前互联网公司人才库中人才的综合条件要优秀。在这样多重buff加持下，我们丝毫不怀疑，字节跳动在无形中已经建立了中国互联网公司最佳的人才库。

当供需关系不匹配的时候，就很容易形成买方市场或卖方市场，互联网公司的有限性造就了对外招聘的有限性，于是形成了买方市场。字节跳动通过支付薪水购买员工的时间，让员工为公司创造价值。

每当一个HC（预计招聘员工数）放出来的时候，投递者争先恐后地加入其中，这么多人找工作，那么HR看简历的时间是多少呢？答案是：3~7秒。HR关注的也无非是三点：毕业院校、之前工作的大厂、之前的定级。以上，是站在HR的角度看问题。

但业务主管更看重的是履历，是以往做项目所总结的经验。

好处是，两个考核指标的叠加再次筛选了一拨人。

在风平浪静的互联网行业红利期，这样的选人标准无可厚非，能够用最短的时间选出适配的"螺丝钉"。

当市场处于巨大不确定的时期时，小规模闪电式扩张的重要性就显得极为重要，利用闪电式扩张的原则能够快速获得市场的反馈，并验证市场真实情况。注意，这里最怕的是 MVP（最简化可持续产品）没有跑通，就迅速进行闪电式扩张。

你可能发现掌握并应用闪电式扩张的原则很困难，尤其当你是经验丰富的高管时，原因之一就是这样做需要抛弃许多常规的商业规则。基本上，你要将多年来了解的一切抛诸脑后：来之不易的经验，在商学院学到的知识，或者在初创阶段保持精益的信条……精心规划、谨慎投资、礼貌服务和严格控制的资金消耗率（公司每月支付工资、租金等所消耗的现金金额）最终可能会被抛到一旁，代之以快速的粗略估计，对愤怒的客户的忽视，以及低效的资本支出。你为什么要采取这种高风险且违反直觉的行动？一言以蔽之，为了速度。很显然，这时候需要的不是应试教育制造机批量复制的人才。

而字节跳动未富先老，养成了大厂病，招聘唯"学历论"，而不是唯"经验论"。在市场具有极大不确定性的时候，这会造成竞争时人才短缺的后果。

帮派文化

我们肯定都听过一个故事：当一家公司有一个员工是从阿里巴巴跳槽过来的，过不了多久就会发现，他所在的部门几乎全都是跳槽过来的阿里巴巴前员工。

事实上，这并不是阿里巴巴的专属特征，百度、腾讯等公司都存在这样的问题。字节跳动事业部扁平，每个事业部都是一个小团队，这虽然在一定程度上避免了垂直性的帮派文化，但同时也进一步加剧了单位小团队的帮派文化。比如：字节跳动 HR 虽然放开 HC 持续性招人，但后进者平均流失的时间是 3～4 个月。

当一家公司发展到一定规模的时候，影响公司发展的不再是 GMV 本身，而是组织力。但毫无疑问，所有超过 1 万名员工的公司，都在组织力上捉襟见肘，甚至因组织力问题而崩盘。对于字节跳动来说，它同样要回答这个问题，并要寻求最优解。

入职定级即巅峰

我们横向对比下互联网大厂员工的增长态势。

从 1 人到 10 万人，字节跳动用了 8 年，京东用了 17 年，阿里巴巴用了 19 年，微软、苹果用了 40 年，而 facebook 和腾讯至今都没有超过 10 万人。仅 2020 年一年，字节跳动就增加了 4 万名员工，平均每天有 150 名新员工入职。字节跳动 HR 部门巅峰期有 2000 人同时工作。

业务线没有明显增长，人员反而增加，一般有两种情况：其一，业务线人员汰换；其二，憋大招。站在 2022 年写书的当下回望过去，显然，两者都不成立。

这样的增长态势不仅毫无意义，还使字节跳动自身陷入焦虑。就像是我们给植物施肥、浇水、修剪等是为了促进植物的生长，但倘若我们一直进行施肥动作，植物就会快速榨干已有的养料，我们的做法反而会导致烧苗。

字节跳动组织架构扁平化，使每个岗位分工更加细化，如果没有领导层离职，员工一般不会得到任何提携。在互联网红利期，这个问题或许可以得到有效解决，但今天生产要素开始往制造业转移，留给互联网行业的机会并没有那么多。同时，字节跳动内部的赛马机制，也让更多人在内部转岗中焦灼地等待，让大家在岗位竞争中更加内卷。（比如说，今天要进行一个种草项目的尝试，字节跳动不会将该项目交给一个团队做，而是让 10 个团队同时做，再在 3 个月之后看效果，最后留下表现最好的一组人员。至于其他的团队，要么解散，要么内部转岗，要么被辞退。)

企业文化的困局

在很多关于企业管理的书中，都会有这样的一个阐述：小公司管理靠感情，中型公司管理靠制度，大公司管理靠文化。

字节范是字节跳动企业文化的重要组成部分，是共同认可的行为准则，具体包括：追求极致、务实敢为、开放谦逊、坦诚清晰、始终创业、多元兼容。

如果你走在中关村的街道上，就会感觉有很多有字节跳动的同学，因为他们胸前的工牌非常醒目，仿佛生怕别人不知道。不仅仅是在公司附近，而且包括上下班途中，小红书、微博等自媒体平台，他们都会进行各种炫耀式打卡。如果说 2018 年之前进入阿里巴巴是一件非常光荣且自豪的事情，那么今天在字节跳动就自豪得有些过分。

据某面试者爆料，他在字节跳动面试时面临各种刁难，于是公开了部分面试内容。

A："你好，请问是字节跳动 HR×× 吗？我是 ××，咱们之前约好今天 10：30 面试。"

HR："你好，我这边没有接到通知。"

A："是这样的，我这边接到三通确认电话，是今天 10：30 面试，现在 10：45 了，能否帮助确认下？"

　　HR：“等下，我们现在有安排。”

　　A：“能否确定下时间？”

　　HR：“时间暂时不确定，等业务那边通知，反正就今天吧。”

　　A：“是这样的，我下午还有安排，能否帮忙问下？”

　　HR：“这可是字节跳动……”

　　字节跳动和阿里巴巴最大的不同是，入职阿里巴巴需要进行1个月的入职培训，不论base（工作所在地）在哪里都要回总部统一培训，详细学习阿里巴巴的文化和方法论，但入职字节跳动后什么都不需要，接收简单的公司信息业务讲解即可上岗，到达工位后会拿到一个公司资料包，上面有需要完成的工作和规划。字节跳动的整个氛围就是这样，讲究高效和实用价值。

　　阿里巴巴是一个人情味非常重的公司，能见面就不打电话，能打电话就不发消息。字节跳动刚好相反，能线上就不线下，强调的是机器的能力、人工算法的能力。整个公司的运转，就是字节跳动大机器的运转，每个字节跳动的员工都是机器上的零部件。尽管每个大公司都存在这个问题，但字节跳动是用算法把每个人的价值都算出来。仅从这一点来看，字节跳动和美团十分一致。美团是通过算法，计算出每位骑手的最佳配送路程，并根据数据的反馈不断压缩时间，从而提高效率。

　　字节跳动"24小时制的帮助台"为员工提供了巨大便利，员工有任何问题，都可以随时前往帮助台提诉求。同时，字节跳动鼓励员工住在公司附近，离公司3千米以内的员工每月奖励1500元房租补贴，免费的一日三餐，22点后下班打车免费。甚至员工离职，也可以通过飞书文档迅速在线完成，完全不耽误项目进程。超好的福利待遇，保障公司员工无后顾之忧。于是，字节跳动就像一个实用主义大机器。

促进稳定的是儒家，促进进步的是法家。

B 端商家的困局

商家需要学习

如果说阿里巴巴今天四面楚歌却还能屹立不倒，甚至还能牢牢把控主场优势，有且只有一个核心因素，那就是：B 端商家。

B 端商家，不是随便召开一场招商会，或者是对产业带搜刮一通就能获得的，这种获得的根源是对上架、货盘、运营、物流、售后、支付等进行体系化的赋能，是从 0 到 1 陪伴商家成长。任何一个平台的产生，商家都要经历陌生—接触—了解—熟悉—掌握五大步骤；任何一个步骤的崩塌都会导致整个商家信任的崩塌。

阿里巴巴非常重视 B 端商家的运营，并且专门成立 B 端事业部，同时也会在生态上做一系列资源侧重，其中负责培训业务的淘宝大学就充当了这样的角色。

抖音电商虽然推出了抖音电商学习中心窗口，但实际上这只是一个展示载体，并没有对商家进行更加基础的赋能，从而导致大量培训机构横出，各种韭菜局层出不穷，消耗了商家自身软硬件。抖音对培训机构的宽容，有点类似于放羊计划，先让羊吃东西，等长得差不多再迅速出手捕获茁壮的羔羊。

商家是需要系统性学习的，不论是对商家本身还是对平台方，这都是促进良性循环的必要过程。

抖音商家的无序性

抖音针对商家提供的是无序性价值，商家看不到成长路径，他们甚至不知道应该如何做第一步，是先做个详情页还是先招募几个主播？每一次尝试都是金钱、时间成本的试错。这些商家在最基础的动作中，就没有得到帮助。在调研中，我得知杭州的商家是可以享受到基础性陪伴服务的，但抖音服务的仅仅是杭州等电商发达城市的商家，再往下拆解，变化太多。

虽然抖音想尽一切办法为商家赋能，为商家提供引流及运营培训，让商家能够更轻松地适应抖音电商的机制，但培训项目往往不能落地，反而白白浪费了商家的现金流。高额的运营成本与主播佣金决定了商家合作的下限，使双方的合作关系十分脆弱。

时间的奴隶——被规则所支配

抖音电商和传统货架电商一个最大的不同是：前者主动，后者被动。

运营货架电商前期，需要掌握各种运营技巧和平台规则，商家熟悉之后即可上架产品，再配合流量工具进行售卖即可。商家不用即时性更新和调整，只需要让客服处理即时性消息即可，甚至还可以将客服外包，将成本最大化降低。商家在休息时间（24：00—8：00）系统也会自动接单，商家只需在次日18：00前安排发货即可。纵观整个货架电商，不论是淘系、京东还是拼多多，他们更像是被动收入，只有在参与大促的时候才会加强主动性投入。

抖音电商恰恰相反，抖音电商是主动强爆发式，可能一分钟就卖出几万单产品，顶得上货架电商一年的售卖量。抖音电商需要商家持续不断地主动参与并与消费者积极互动，尽可能地拉长在线时长。因此对于抖音电商来说，几乎是没有被动收入的，试想，你会为了某个商家专门到他们的抖音商店下单吗，而且是在直播的时间段有折扣，非直播时间段不一定有折扣的情况下？我想，消费者也不愿意去做这个冤大头吧！所以，抖音比任何电商平台都更加注重商家的活跃度，只有商家活跃才有可能产生交易，平台才有可能从交易中获得佣金收入。商家越活跃，平台的流量才越有价值。

抖音为了增强商家的活跃性，会不定期举办各种挑战赛，比如24小时接力赛、三天两夜拉力赛等，完成挑战赛就可以得到额外的流量。因为时间过长，很多商家是不愿意参与的。而不参与的商家，就会明显感觉流量在下滑（在恒定因素不变的情况下）。于是商家找到平台小二投诉，小二会说：我们并没有改变流量分发规则啊，只是部分商家因参与了挑战赛而获得了更多流量。最妙的是，这时候你还不能骂平台方不地道，因为平台确实没有强制商家必须参加活动。于是在一系列的刺激下，商家不得不加入熵增的战场，成了时间的奴隶。

如果经常看抖音直播的朋友就会发现，有很多的直播间，主播只是偶尔说句话点点互动，这就是典型的刷时间完成任务。

尽管字节跳动不要求商家一定完成时间任务，但从结果来看，就是有流量分配的偏差。从这一点看，抖音像不像从不强制加班，只提倡朝九晚六的某公司？

面试时

A：我们这里不强制加班，朝九晚六，到时间就可以走，领导不会管。

B：太好了，我就喜欢这种人性化的公司。

18：00

B：下班了，为什么大家都不走？

A：晚上19：30，公司食堂提供免费晚餐。

19 : 30，公司行政给每个在公司的人发了一张卡片。

B：这是什么？

A：每天晚上 21 : 00 会进行一次抽奖，一等奖是一辆汽车，但很难抽到，抽不到的同事会有一份安慰奖。

21 : 00

B：安慰奖是什么？

A：安慰奖是一份免费的健身券，还安排免费的器械、免费的私教，但仅限当天 24 : 00 前使用。

00 : 30

A：4 : 00 以后，公司报销所有的出行费用。

4 : 00

A：5 : 00 公司提供全身按摩。

A：7 : 00 公司提供营养早餐。

A：9 : 00 公司提供星巴克咖啡，大杯。

然后公司对外高调地宣布，"我们从不要求员工加班"，于是，在一段时间后该公司的美誉度上升。

抖音就像是一个巨大的时间增长涡轮，通过对规则的设定让商家更加活跃，让消费者感觉到平台的火爆，吸引更多的消费者进入，从而刺激更多的商家入驻。

虽然抖音讲究内容为王，但抖音所做的不仅仅是筛选好内容，还在于将每个参与的环节进行规则设定。抖音要求创作者提供好内容，以便获得流量；要求商家刷时间并提供好产品，以便获得流量；让用户停留足够多的时间，以便换取相应的金币（字节跳动各大 APP 几乎都设定了金币兑换现金的活动）或优惠券。在这场时间的熵增中，创作者绞尽脑汁地创作作品，还要不断学习平台的各种规则，卷到创作者把抄袭当成了习惯。商家同样如此，所有人都陷入流量陷阱。于是，抖音平台赢麻了，也成了唯一的赢家。

有人问：用户不是获得金币收入了吗？兑换规则是：10000 枚金币 =1 元，平均一天可以获得 300 多枚金币，兑换现金数满 15 元方可提现。连续盯着屏幕几个月的时间只为了 15 元？ 用户完全可以用这个时间做更多有意义的事情，比如多读书、看看新闻等。

实际运营成本高于淘系

在不考虑供应链的情况下，公司想做淘系电商，按照 8 小时计算，需要几个人？答案是：1 个人。这个人只需要懂淘系规则，会使用基本的流量工具，如万象台、直通车、引力魔方……再加上偶尔处理下客服信息即可。需要的设备是：一台电脑。根据市场价，每月综合成本：1 万元（运营）+100 元（电脑）=1.010 万元。

公司如果想做抖音电商，按照 8 小时计算，需要几个人？运营团队：运营 1 个 + 主播 2 个 =3 个人。内容团队：短视频编导 1 个 + 拍摄剪辑 1 个 =2 个人。共计 5 个人。如果运营不懂投流，还需要配备 1 个投流人员，共计 6 个人。需要的设备是：1 台电脑、2 组相机设备、1 套耳麦。根据市场价，每月综合成本：1 万元 ×2（主播）+1 万元（运营）+1 万元（编导）+8000 元（拍摄剪辑）+100 元（电脑）+100 元（相机设备）+50 元（耳麦）=4.825 万元。

仅仅从账面上看，在没有任何产出的情况下，抖音电商的运营成本已经是淘系运营成本的4倍。当然，抖音电商的高爆发性给商家提供了更多的可能性。

所幸，直播硬件设备也在跑步实现标准化，直播一体机的出现可以让主播一个人就能完成一场完整的直播。高度集成化的智能一体机，正在成为越来越多直播从业者的新选择，只需一台一体机配合绿幕，基本就能替代原先的电脑、声卡、音箱、导播台等复杂的设备，而且也不需要复杂的组装和场景搭建，通过绿幕抠图成像，即可自由更换海量的高质感虚拟背景。AI人工智能算法在一体机中的运用，则大大降低了操作难度，原本需要几个人才能完成的工作，主播一个人就能轻松搞定，不再需要配备专门的助手和运营人员，一体机配套的智能SaaS系统就能完成。在成本上，根据市场价计算：1万元（主播）+1万元（一体机）=2万元，用一体机做直播，通常能节约50%以上的成本。为了研究明白这个硬件设备，我有幸深入虎芒科技生产车间，切实感受到科技推动下的进步。

2022年抖音上半年电商数据显示，销售额同比增长150%，销售量同比增长148%，小店数同比增长114%，商品数同比增长109%，行业预测，接下来持续3年，新增直播间的数量在120～130万个。大量头部流量往中长尾用户、产业带释放，这将进一步刺激直播间数量的增加，使打造"普惠化专业直播间"的需求更加强烈。直播一体机的出现，让直播电商的进入门槛有了明显的降低，基于直播一体机打造的"成本合适"，有"专业效果"，又"操作简单"的智能直播解决方案，逐渐成为大多数直播从业者的更优选择。

流量的不稳定：流量来源的不稳定，流量消耗的不稳定

即便是商家做了一系列准备工作，按照上文中的要求配齐了人员和设备，也会面临一个最初的问题：流量从哪里来？我们简单拆解下，抖音商家流量获

取的两种方式（见表 7-1）。

表 7-1　抖音商家流量获取的两种方式

免费流量：泛人群	付费流量：精准人群
短视频引流	千川
抖音商城：权重	小店随心推
直播广场	品牌广告
搜索	信息流等广告
PK	
传送门	
话题页	
个人主页	
分享互动	

阐述下免费流量和付费流量的关系——叠加关系。

当你不购买流量时，虽然抖音电商也会给到一些流量，但这些流量是泛流量，也有可能有观看内容的用户偶然刷进来，这些流量的价值是非常低的，几乎不会有成交转化。他们使用抖音 APP 的目的就是娱乐。

只有当你购买 100 元的付费流量时，进来的用户才是非常精准的消费者。同时，抖音为了帮助商家和达人增加转化，几乎 1:1 赠送免费流量。所以，在流量叠加、用户精准的情况下，用户成交的可能性会更高。

从流量消耗来说，抖音电商和淘系电商完全不同：淘系电商是只要你有钱投流，就会给你流量；抖音电商是当你转化不好的时候，你有钱投流，钱也不一定花得出去。

抖音虽然推出了抖客，但抖客不如淘客稳定。

服务商的困局

直播电商是什么

自互联网第一波浪潮开始，线上零售电商在零售行业开始占有举足轻重的地位，我们先来看看几种常见的电商网站形式。

1. 根据展示方式和销售方式

（1）以亚马逊、淘宝、京东、拼多多等为代表的综合零售电商。其中拼多多比较特殊，它既属于综合零售电商，又属于社交零售电商，还属于游戏电商。

（2）以蘑菇街、美丽说、淘粉吧、什么值得买为代表的社交导购网站，其中蘑菇街、美丽说转型为服装特卖网站和品牌特卖网站。

（3）以卷皮网、楚楚街等为代表的包邮导购网站，之后其转型为女性特卖网站。

（4）以返利网、米折网等为代表的返利型导购网站，其中米折网的张良伦转型做了母婴电商贝贝网，之后在贝贝网的基础上延伸出了贝店、贝贷、贝仓。

（5）以云集、斑马会员、花生日记、微店为代表的会员制电商，目前来说，会员制电商是变化最大的，几乎全军覆没被迫转型。

（6）以抖音、快手为主的直播电商。

2. 根据分发形式

（1）中心化电商，是指电商平台汇聚了商家和流量，成为消费者购物的第一入口。消费者通过入口找商品，平台去做流量的分发，具体如淘宝、京东、天猫等。

（2）去中心化电商，是指通过图文、短视频、直播等方式引流，建立商家与消费者的直接沟通、维护与交易渠道。在去中心化电商模式下，每个用户都是一个主体，自己就是中心，向身边的人推荐商品和信息，形成传播，如：小程序、H5、达人。

（3）内容电商，是指在互联网信息碎片化时代，通过优质的内容传播，进而引发兴趣和购买，其采取的手段通常为直播、短视频、图文等。

（4）媒体电商，是指互联网媒体平台或传统媒体通过优质内容、品牌公信力/影响力、用户运营能力、电商平台运营能力等为商户和消费者提供交易条件或在线唤起消费者的消费意愿，并使其完成购买消费行为。互联网媒体电商平台如度小店（百度旗下）等，传统媒体电商平台如钱报有礼（《钱江晚报》旗下）等。

3. 电商演化

（1）1.0时代主战场——C2C。2003—2008年，淘宝的独角戏。在门户网站平台等信息媒体发展一段时间后，互联网技术开始对零售行业进行变革，雅虎、易趣等率先进行布局，抢占世界各地电商的头把交椅。淘宝网在阿里巴巴强大的供应体系的支持下后来居上，2006年淘宝网市场份额赶超易趣网，2008年淘宝网占据86%的C2C市场份额。除此之外，该阶段的参战者还有拍拍、有啊……

（2）2.0时代主战场——B2C。2009—2015年，猫狗（天猫、京东）的双龙会。2009年万物皆可垂直的B2C模式爆发，这段时间天猫和京东疯狂抢占品牌方资源，天猫集中在以服饰为基础的百货上，京东集中在以3C数码为基础的百货上。从结果来看，2015年B2C的市场份额（51.6%）首超C2C（48.4%）。其中在B2C市场中，天猫占据57%，京东占据23.4%。同时期参战的电商平台还有1号店、聚美优品、凡客诚品……

（3）3.0时代主战场——社交电商。2016—2019年，猫狗拼（天猫、京东、拼多多）的三国杀。这个时期是将互联网优势运用得最好的时期，拼多多仅用3年时间就告诉市场，做互联网电商依然有机会。一直到2019年，B2C占据

67%的电商零售市场份额，C2C占据33%的电商零售市场份额。在B2C领域中，天猫占据50.1%、京东占据26.5%、拼多多占据12.8%。同时期参战的电商平台还有云集、贝店、粉象生活、萌推……

（4）4.0时代主战场——直播电商。2020年至今，猫抖快（天猫、抖音、快手）的三国杀。这时期的网络零售市场份额为：淘系53%、京东20%、拼多多15%、抖音5%、快手5%。虽然在零售市场份额中，京东和拼多多仍然占据较高份额，但直播电商还是以淘宝直播、抖音直播、快手直播为核心。同时期参战的电商平台还有苏宁易购、蘑菇街……

2016年3月，作为直播电商首创者的蘑菇街在全行业率先上线视频直播功能。在百度百科中，直播电商被这样定义：电商直播，是一种购物方式，在法律上属于商业广告活动，主播根据具体行为还要承担"广告代言人""广告发布者"或"广告主"的责任。如果消费者买到假货，首先应联系销售者即卖家承担法律责任，主播和电商直播平台也要承担相应的连带责任。

简单一句话：达人通过自媒体平台直接卖货，然后赚取佣金。

抖音电商常见的服务商类别

招商服务商

代运营服务商

培训服务商

供应链服务商

产业带服务商

MCN机构

本地生活服务商

工具服务商

流量服务商

抖音电商加码熵增

目前直播电商的头部马太效应过于明显，5% 的人拿走了 80% 的资源，显然已经超过了二八定律。对于直播平台来讲，这样的操作能最大限度地使用流量资源，创造最大的 GMV，保障 ROI；但头部过于强势，也导致尾大不掉。

在抖音、快手、淘宝直播三大直播平台中，成交客单价最高的依然是淘宝直播，毕竟用户点开 APP 就是奔着购物去的。截至 2022 年，三大直播电商的平均客单价是多少呢？淘宝直播 151 元，抖音 71 元，快手 51 元。

在抖音电商有个不成文的"69 元法则"，即超过 69 元，销量下降一半。未来是否会有变化呢？一定会，但要看平台整体客单价的变化。

不仅仅是抖音，任何一个直播电商平台都进入了一个平台、商家、主播三方博弈的战场，每方都在倾尽全力地制造自己的标准。

1. 平台

（1）通过技术手段，直播搜索推荐等控制流量，从侧面鼓励大家购买流量。为了实现标杆效应，也会定期扶持平台级 KOL。

比如 2020 年 4 月份出现的罗永浩。罗永浩的出现标志着抖音电商诸侯割据时代结束，迎来大一统，吵闹的直播间终于以官方扶持的形式迎来一股清流。平台方将更多的流量给到罗永浩，罗永浩依靠个人 IP 为流量带来更高的转化，为平台创造更高的 GMV，个人也取得更高的佣金。

比如 2021 年的柳夜熙，上线 6 小时粉丝数突破 10 万，1 天时间收获粉丝 200 万＋，点赞 400 万＋。其视频内容包含诸多元素，悬疑＋特效＋美妆＋剧情，拉开了元宇宙的战场，虽然后续因为技术层面的问题，没能实现商业化盈利，但却为字节跳动的 AR、VR 产品做了铺垫，比如现在主推的 PICO。

又如 2022 年第一季度的刘畊宏。三年的新冠疫情让更多人变得焦虑，人们不得不寻找一种方式发泄情绪，对运动型 APP 的需求急剧增加，Keep、咕咚运动、小米运动等被顶上热搜——运动潮来了。抖音将运动从线下搬到线上，打造了互联网级的运动社区。

再如2022年第二季度的新东方董宇辉，抖音电商终于引来了书香气，让更多人在学习的氛围中可以选择性购物——学习为主，购物为辅。

抖音电商通过四重奏，将抖音电商和快手电商的格调拉开了距离，就像在短视频领域一样，抖音通过艺术性活动，邀请艺术大师，提升了抖音短视频内容的格调。

（2）通过平台激励政策、签订合同、惩罚等控制主播直播的时长。

2.主播

为了应对抖音电商规则的变化，主播不得不积极学习、更新玩法。而为了在主播的竞赛中保持头部地位，主播需要不断买流量、筛选出好的团队，如此循环往复。

主播为了获得流量能有多拼？40%的主播每日工作8~12小时，17.8%的主播连续直播10小时以上。

3.商家

商家的交易更多还是依赖主播，通过主播快速出货实现短期内GMV的提升。一旦GMV降低，商家的第一反应就是追加投流、更新团队，如此循环往复。

虽然在这场博弈中，有成交也有流量，但始终无法将这些观众转化成自身粉丝。

综合来说：平台通过熵增，增强自身流量护城河；同时，让主播和商家不得不持续熵增。当平台达到一定的规模时，不论是主播还是商家，退出的成本都是非常高的。

主播的不可控

直播电商中有一个"百一定律"：即100个主播，只有1个主播还活着。主播的流动和成功与否都具有极强变数，不可控因素太多。

在变数极大的情况下，如何签约主播就成了众多MCN头疼的问题。全职签约？之前的劳动关系显然无法适应主播的高流动性。

一种方式是，假如主播任职时间为30分钟，他们的薪资会按照30分钟的时间结算，当面用支付宝结清。另外一种方式，主播也会有3天试岗的情况，如果不合格就直接砍掉。

在这样不合理的状态下，主播们为什么不签订合同呢？因为他们怕违约。MCN和达人签约时，会提出各种苛刻的条件和要求，其中违约金甚至高达千万元。所以，主播们在做选择的时候，趋向于选择安全性更高的不签约。

MCN也很痛苦。要知道在MCN机构中，一个达人的孵化是非常困难的，即便是像遥望这类头部的MCN公司，一个达人孵化成功也需要近3个月的时间，而就是这短短的3个月，几乎要消耗100万元。高昂的培养费用决定了他们不得不这么做：既然好不容易捧起了达人，那就得趁机好好赚一笔，榨干达人的红利价值。

在这场围绕达人的博弈中，MCN机构与达人都在无形中陷入了"明星经纪"的怪圈。

当面临主播的不确定性时，MCN机构应该如何选择？通常有两种办法。

1. 做标品，做标品是将MCN机构标准化（MCN机构在组织架构、承接品牌的调性等方面保持一致性），将直播间标准化（主播风格、直播间装修上的一致），不会因一个员工的离职或调整而带来波动。

2. 做非标品，是以主播为导向。主播的情况影响整体情况，随机性更大一些，但爆单的可能性也更大。

而直播机构如果想赚钱，还是要把直播间标准化，降低随机性，最不济也要将随机性控制在一个合理的浮动区间。

一个直播间一般会用7天时间进行测试，确定一个标准。但这个标准是真的吗？答案是：在当下阶段是真的。

服务商们也渐渐明白，抖音账号最大的成功是身份的成功，是像博商学院一样，批量打造声量达人。

服务商们被迫在这场熵增中持续性加磅，他们也都有梦想，但很可惜，他们中的大多数不仅没有等来和煦的春风，而且在寒风中纷纷下了车，或许人生就是这样，因为无奈才变得可歌可泣。

直播电商未来的可能性

1. 商家：商家会采用三种形式做直播电商

（1）自播，自己在抖音商城开通旗舰店，日常直播，目的是维护品牌与用户的关系。不熟悉抖音电商规则的商家，通常也会找信赖的代运营公司（即DP）帮助代播。

（2）店铺矩阵，熟悉抖音电商规则的商家，通常会尽可能多地开拓商家账号，并用每个账号定义不同人群，目的是日常获客。

（3）与达人合作，这里又可以分为两种情况。一种是和头部达人合作，目的是做新品宣发和品牌曝光，需要支付一定的坑位费用成本，甚至需要亏本销售。另一种是和普通达人合作，增加日常销量和曝光。

2. 平台：会加强三个方面的建设

（1）基础设施，比如：上架、详情页面、支付接口、跳转……

（2）进一步明确平台的基本规则，起盘阶段需要利用头部效应增加影响力，但为了长久发展，需要平衡头部和尾部的关系。

（3）生态位的建设，比如：物流、配送、云端、支付……

3.达人：两种分界，但殊途同归。

（1）头部达人，继续服务好品牌方，保障经济来源，同时不断拓展新的品牌方；与此同时，积极开设培训学院，增强主播影响力，增加粉丝流量，确保在平台中的优势地位；加强私域建设，防止出现封杀事件。

（2）普通达人，加快私域转移的步伐，成为新媒体时代的微商和团长。

抖音电商流量困局

字节跳动作为一家流量型公司，已成功的 APP 有：今日头条、内涵段子（皮皮虾）、抖音、番茄读书、悟空浏览器……为了持续开拓三、四、五线城市用户，字节跳动旗下的抖音极速版、今日头条极速版、抖音火山版等疯狂地与快手抢食流量（抖音的成长是自上而下，快手的成长是自下而上，为了抢夺流量，两者都需要在对方腹地进行竞争）。通过一系列操作，字节跳动虽然在今日头条、抖音等主 APP 外又获得了 20%+ 的流量，取得了巨大成功，但 2022 年当抖音宣布全系用户量达到 8 亿的时候，字节跳动已触及天花板。

抖音电商目前还依赖抖音 APP 的流量加持才能更好地生存，抖音也一直在测试抖音电商的流量倾斜问题。抖音毕竟是以内容为王的 APP，用户愿意留在抖音也是因为抖音的内容足够优质。如果抖音给抖音电商倾斜过多流量，就会导致广告过多，用户流失；如果倾斜过少流量，就无法实现流量价值的最大化。最终，经过反复测量，抖音给到抖音电商的流量在 7% ~ 8%。

品牌方都是趋利避害的，哪里能赚钱就去哪里。抖音在流量见顶的时候，就需要面对一个新问题，即品牌方的忠诚度。

　　用户在抖音消费是没有忠诚度的，只是在观看的过程中看到弹出一个窗口，而里面讲的内容刚好是自己感兴趣的，所以产生了购买欲望，这是一种冲动型消费。但这种做法并不会帮助品牌方培养出忠诚度，其实不仅不利于品牌忠诚度培养，还会让消费者养成薅羊毛的心理。从整个交易链条来说，抖音、快手等直播带货平台给品牌方投放了毒药，只不过有的是显性毒药，有的是隐性毒药。抖音电商经过两年的试水与深入，在一遍遍地告诉消费者，直播间购买有折扣，这和品牌方的诉求是相悖的，品牌方追求的是高溢价。所以，抖音作为宣发渠道是没有问题的，但沉淀用户是很难的。

　　在抖音流量增长的时候，品牌方为了获得更多的流量和曝光度会刻意忽略一些问题。但当抖音流量见顶后，品牌方就不得不重新衡量价值的大小。（详细可见"B端商家的困局"。）

　　在这样的循环往复中，品牌方困于流量的争夺；平台困于流量的分发，稍不留神就会打破平衡，引来不必要的纠纷；消费者则是哪边便宜就去哪边；好像就只有达人赢麻了，因为他们的收入是按照销售额来提成的，至于东西本身好不好，这不重要。

　　市场竞争是一种自然调节方式，在总量稳定的情况下，短时间内可能会快增长或者是负增长，但从长线看，还是回到合理状态。虽然看上去直播电商非常火爆，但其合理值大概率是在零售市场占比 15% 左右。

　　我们横向对比下双 11 大盘变化。[①]

　　1. 2021 年双 11 全网销售额为 9651.2 亿元，较 2020 年双 11 增长 12.2%，但增速较 2020 年双 11 下滑 31.11%。

---

　① 做出以下电商类型划分实为表述需要，各类型的电商数据上有部分重叠，故各电商数据之和可能不等于总 GMV。各数据以平台官方公布为准。

综合电商：总GMV9523亿元，同比2020年增长13.4%，top3为天猫、京东、拼多多。

直播电商：总GMV737.6亿元，综合top3为点淘、抖音、快手。而2020年为729亿元。

新零售电商：总GMV197.2亿元，同比2020年增长49.4%，top3为淘鲜达、美团闪购、饿了么。

社区团购：总GMV133.8亿元，top3为美团优选、多多买菜、兴盛优选。

2. 2022年，双11全网销售额为11154亿元，同比增长13.7%。

综合电商：总GMV9340亿元，top3为天猫、京东、拼多多。

直播电商：总GMV1814亿元，同比增长146.1%，综合top3为抖音、点淘、快手，其中抖音占比40%+。

新零售电商：总GMV218亿元，同比增长10.8%，综合top3为美团闪购、京东到家、淘鲜达。

社区团购：总GMV135亿元，综合top3为多多买菜、美团优选、兴盛优选。

3. 各电商业态GMV变化情况。

2021年：综合电商83%、直播电商14%、新零售2%、社区团购1%。

2022年第一季度：综合电商72%、直播电商21%、新零售4%、社区团购3%。

4. 平台市场占有率角度。

2021年：天猫55%、京东37%、其他占比8%。

2022年：天猫61%、京东34%、其他5%。

抖音电商的天花板有多高[1]

从刚开始的二类电商[2]，到后来的抖音小店、抖音盒子再到今天，平台商品交易额突破万亿元，不知不觉中，抖音电商部门已经成立两年多。

达到万亿元的规模，阿里巴巴用了13年，拼多多用了4年。

所以，仅从交易额来看，抖音电商是成功的，而且是巨大的成功。

我们看看是哪些因素推动了抖音电商的成功？

物流、支付、算法、服务商……这些因素都是抖音电商成功的重要因素，但又都不是核心因素。

抖音电商成功的核心因素是抖音分了流量。但这里有一个致命的问题，就是平衡点在哪里？如果抖音给抖音电商的流量过多，用户就跑了；如果给少了，抖音的流量价值就没有达到最大化。就像抖音集团总裁张楠说的：抖音就像是一个矿场，大家都来找抖音要流量。给多给少，需要不断地调整，找平衡点。而这个平衡点，就是抖音电商的临界点。

抖音目前分配给抖音电商的流量比例在7%~8%。根据抖音DAU7亿来计算，抖音电商销售额的天花板在2.5万亿元左右。

抖音的流量是这些，那么字节系其他APP能否为抖音电商提供流量支持？

抖音本身的DAU是7亿，而抖音电商早就已经悄悄在今日头条、懂车帝等APP内嵌了。也就是说，抖音电商的流量集聚了字节系全部APP的流量，直白点就是，字节系APP能给到的流量也到顶了。

根据2021年抖音电商销售额8000亿元计算，2024年大概率会是抖音

---

[1] 这是我2022年发表在微信公众号"谏之朋友圈"的一篇文章。当时抖音DAU为7亿。

[2] 二类电商与一类电商相对应，后者指天猫、淘宝、京东等支持在线付款的电商平台；前者指抖音、快手、朋友圈、百度等可投放外链的平台。

电商到达天花板时刻。①

另外，抖音需要解决货架电商的运营问题，这也是目前抖音短视频和抖音电商最大的矛盾点。一个想要流量，一个想要活跃。

除此之外，抖音商业化部门要从一家广告公司转化为运营公司。这本身就是一个非常大的转变，而最困难的是抖音电商需要把阿里巴巴走过的B端业务逻辑重新走一遍。

抖音的现状是这样，那快手的天花板在哪里？

根据曾鸣教授 2019 年的测算，快手电商的交易额上限是 5000 亿元。而在 2021 年快手电商的交易额已经达到 6800 亿元。（因业务线调整，会不断有增量，不断溢出。）

不论是抖音还是快手，都素有"精神鸦片"的头衔。

这就意味着以高净值人群为代表的精英群体，可能会不断流失。这是抖音、快手所不愿意看到的。

最后，抖音电商的天花板快到了，但还值得做。

接下来大概率会出现的操作是：女生不够用了，平台方想方设法邀请她们的"老公"（指男性流量明星）客串或直播。

最终的购买力取决于，她们的"老公"多不多，以及她们对"老公"的爱有多少。

我们知道淘宝有淘客，淘客能给商家带来稳定的客流，而且商家是按照成交支付推广费用的，对于商家来讲，淘客的效果和成本都是可控的。做淘宝店铺的商家都知道现在淘宝的流量有多贵，一般的商家承担不起，所以淘客对商

---

① 计算公式为：GMV=（DAU× 时长 / 平均 VV 播放时长 × 电商 VV 占比）× 点击量 × 点击转化率 × 平均客单价。
VV 为访客访问次数，电商 VV 占比为访问电商的次数在总访问次数中的占比。

家来说是非常友好的，为了提升店铺流量，商家也非常愿意把营销费用花在淘客群体上。抖音要想超过传统货架电商平台，依靠公域流量是完不成自己定的GMV目标的，所以就需要更多普通人参与进行社交裂变。为了扩大站外流量，获得更多的流量入口，2021年抖音模仿淘客顺势推出抖客，主要提供：多种营销玩法，如红包、礼金、大额券等；科学的分佣机制，计费场景、计费时长；有力的政策和产研支持，帮助好内容和直播间输出。

对于抖音来说，抖客不仅仅提供了站外流量来源，还提供了稳定的流量来源，不会导致某一场直播数据突然出现断崖式下跌的情况。直播间也通过抖客机制，圈定了各自的粉丝人群，当有新产品上架和好产品推荐的时候，通过抖客第一时间吸引粉丝上线。我们丝毫不怀疑，如同2009年诞生了第一批做淘客业务的公司一样，会诞生一批依靠抖客为主营业务的公司。

本地生活困局

本地生活的份额有多大

2020年中国本地生活服务市场规模为19.5万亿元，到2025年这一数字将增长至35.3万亿元。然而，本地生活服务这个年复合增长率达12.6%的万亿级市场，整体线上渗透率仅为12.7%。

在商品流通领域（电商零售），2003年至今，线上化率提升至近25%，诞生了3家市值超过5000亿元的企业（阿里巴巴、京东、拼多多），展示了互联网对零售的改造之力；而在本地生活服务领域，商业模式的构建并不如在电商领域那般顺利。从分类信息网站，到团购，到O2O，对服务业线上化商业模式的探索经历了几番曲折，最终本地生活服务平台被定位为服务业信息平台。

本地生活领域商业模式探索

1. 信息分类网站，2005 年：58 同城、赶集网

这种商业模式通过将本地生活信息分类列示，为消费者提供便捷的信息搜集方式，同时从商家的广告投放中获取盈利。这类商业模式在早期获得了巨大成功，2005 年成立的 58 同城于 2013 年在美国上市，2015 年完成了对赶集网的合并后，在信息分类平台的市场份额超过 80%（最高达到 85%），市值达到 70 亿美元，同年美团 D 轮融资后估值也为 70 亿美元。

随着互联网发展逐步进入成熟期，消费者有了更多的信息来源选择，进入移动互联网时代，流量的垂直化更为显著。信息分类平台消费者缺乏黏性、商家迁移成本较低，价值迅速衰减。

同时，信息分类平台亦缺乏有效的商业闭环：对平台而言，无法基于交易持续优化匹配精度，以及通过反馈提升平台信息质量；对商家而言，难以衡量平台的实际引流效果；对消费者而言，平台无法提供完整的消费决策服务，以及服务质量保障。

2. 团购，2010—2013 年：Groupon（团购网站）、美团

好结果：高成交，流量贵。

坏结果：无法用使用成本鉴别出价格敏感者，最终导致定价体系失效。另外，平台没有创造足够的价值使消费者、商家产生黏性，在无差异的竞争下，参与千团大战的企业需要靠自身的补贴以维持商业运转，从而陷入无止境的获客陷阱。

3. O2O，2013-2016 年：达达配送、美团配送、饿了么配送

结果：有流量，但烧钱。

美团与大众点评的合并，使得整个商业模型变得完整：既能为消费者

提供信息，又能辅助消费者决策；而商家获得了线上销售渠道及营销方式。以上二者是平台的价值来源。平台通过引导商家上架折扣团购套餐，掌握交易流水，明确自己所创造的价值，并从中收取一定费用。

美团玩明白了到店、到家、出行

泛泛来说，一切生意皆可本地化（见图 7-1）：吃饭是本地化的、娱乐是本地化的、购物逛街是本地化的……从某种意义上来说，综合电商的零售服务也可以本地化。只不过，本地生活的体量还没有被激发出来而已。

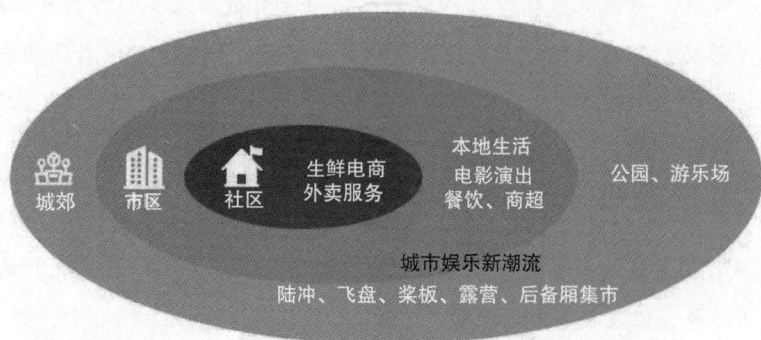

图 7-1　城市餐饮娱乐生活消费图谱

在本地生活领域，先经历了 2012 年左右的千团大战，又经历了 2015 年左右的诸侯林立，2015 年之后才逐渐形成美团、饿了么的两强格局。但从目前的结果来看，只有美团玩明白了，也只有美团首先做了类别的划分，它将本地生活详细拆分成到店、到家、出行，不论用户在何时何地，都可以享受到互联网的本地化服务。

市场上对于美团成功的判定是：美团利用多项业务之间的"飞轮效应"实现流量的最大化，再依靠美团到店业务实现变现。那么大家有没有想过，为什么在美国，Yelp（点评网站）、Doordash（外卖网站）、Groupon 都可以独立存在？

美团是集 Yelp、Doordash、Groupon 于一体的公司，但实际上每个业务都是拥有独立壁垒的成长型业务，竞争优势不会随着互联网流量的迁移而轻易发生改变。

而且到了今天，美团已经不单单是互联网电商平台，实质上是服务业信息平台；而既然是服务业企业，就应用服务业的判断标准来评价。对于电商平台而言，可选商品的数量、价格与履约是首要价值来源，商品点评体系只是锦上添花。而对于服务业到店业务而言，履约体系不存在差异，单纯的信息分类平台逐步失去价值，点评体系所消除的信息不对称成为服务业信息平台的核心价值来源，原因来自服务业的三个特征。

1. 结果后验，体验后难退换。不同于实物商品，服务业具有经验商品属性：消费者在使用之前无法获得产品的完整信息，而消费之后服务又不能够退回。

2. 碎片化：供给有半径，难以标准化。在电商中，品牌是解决信息不对称问题的重要手段。但服务业以中小企业为主，连锁品牌企业占比较低。即便是连锁企业，其不同店铺之间，仍存在服务的差异性。

3. 逆向选择：低频服务业宰客动机强。服务业信息不对称性强，其中低频生意商家难以做回头客的生意，因此商家有内在动机尽可能地在一个客户身上赚取足够多的利润，需要外部评价机制进行平衡。

美团在无形中已经形成了三层护城河。

1. 双边网络效应形成基础，不论是商家忠诚度还是地推人员的留存率，都构成了美团在供应端的护城河。目前美团独占商户 52.75%，饿了么独占商户 15.68%。

2. 移动端点评体系构建的正向评价系统，加强了龙头企业的竞争优势，龙头企业可通过点评体系创造流量来源，增强用户黏性。

3. 内部协同的飞轮效应，不同业务集合在同一个 APP，只要消费者使用某一业务，无形中就会被另一业务种草。

从系统推荐机制上就会发现，美团与抖音的本地生活业务是完全不一样的：美团是主动式搜索，而抖音是被动式搜索。推送式团购与主动搜索式团购的核销率有明显差异，根据调研数据综合比对得知：推送式团购从购买转换到真正核销的比例仅 50%～60%；而主动搜索式团购的核销率在 90% 以上。如果仅以 GMV 判断，推送式团购的市场份额容易被高估。

本地生活领域不仅仅只有 O2O 履约与服务，为了增强在本地生活领域的影响力，抖音一定会加磅，而超市提供了最佳方式——既可以满足线下零售布局的诉求，同时又能开拓产品的确定性供应链。正如我们所熟知的，抖音电商是兴趣电商，是不确定的爆品渠道，即便升级为全域电商，也是在爆品方式上叠加货架、社交等线上电商方式，暂时还达不到和阿里巴巴、京东抗衡的水准，但抖音对线下实体零售业的布局会逐步缩短这种差距。

巨头的强强联合

横向对比其他互联网大厂在本地生活领域的布局。

1. 快手的本地生活之路

2020 年 3 月，快手 & 同程艺龙，同程艺龙的酒店、景点门票等产品供应链全面接入快手。

2020 年 6 月，快手 & 去哪儿网，开展本地旅游业务战略合作。

2020 年 7 月，快手在首页导航栏中上线了本地生活服务入口，包括周边游、美食等服务。

2021 年 5 月，增设本地生活流量入口，上线快手同城、团购微信小程序、本地生活榜单等。

2021 年 12 月，快手 & 美团，美团在快手开放平台上线美团小程序。

2022 年 1 月，快手 & 顺丰，签署同城即时配送服务协议。

抖音和饿了么合作，快手和美团合作，抖音和快手到底谁更能获益（见图 7-2）？

图 7-2　抖音与快手合作效果对比（截至 2022 年 7 月）

2. 阿里巴巴在本地生活领域的布局及用户

购物型平台：淘宝 8.6 亿，淘特 1.1 亿，天猫 4175 万。

餐饮平台：饿了么 7908 万，盒马 2768 万，口碑 371 万。

娱乐平台：飞猪 1959 万，淘票票 606 万，大麦 482 万。

阿里巴巴拥有强大的基建性 APP——高德地图，但并没有实现流量的最大化。有数据显示：高德地图的流量，86.6% 流向了美团，7.8% 流向了大众点评。

3. 京东在本地生活领域的布局及用户

购物型平台：京东 3.9 亿，京喜 928 万。

生鲜平台：生鲜到家 715 万，七鲜 66.2 万。

物流配送：京东物流，达达配送。

抖音本地生活的扩张之路

2018 年，抖音首次试水本地生活，借助第三方平台搭建生活服务场景，但迟迟找不到落脚点。随后，为商家在企业号上开设团购功能，但因一刀切模式备受诟病而被迫放弃（一刀切，统一佣金扣点）。同时，因为没有处理好大服务商与散户的关系，导致诸侯林立，散户流血退场。

2020年6月，抖音星图平台上线达人探店任务，餐厅可以发布任务对接达人。

2020年7月，抖音上线门票预订功能。

2020年12月，在全面调研完美团本地生活架构之后，抖音本地生活招募1万名销售员，通过地推的方式不断深入一线及下沉市场，吸引本地商家入驻抖音。但因为流量承接问题，业务再次洗牌。

2021年，抖音APP调整同城页面，将"城市名+吃喝玩乐"增加到首页，同时在"我的—钱包"增加团购功能，再辅以直播，最终在本地生活板块撬开了一个缺口。但这距离抖音首次尝试本地生活，已经过去了三年。之后抖音本地生活持续发力，先后在同城配、落地配业务端发力，算是将抖音外卖业务拖了出来。为了方便商家，抖音顺势推出了抖音来客APP，商家可以借此管理后台。在内容方面，抖音本地生活推出了生活服务机构平台，为本地生活创作者、机构提供管理平台。

抖音本地生活发布《2022年生活服务软件服务费政策通告》，宣布自2022年6月1日起告别"0服务费"。

至此，抖音本地生活业务才终于有了全貌。

抖音本地生活的失败案例

即便抖音本地生活做了非常多的努力，但这一路并不顺利。举个例子，大家还记得爆店码吗？消费者到店消费，通过抖音"扫一扫"，拍个视频发布成功，即可享受折扣活动。

听上去没有任何问题，逻辑上也非常清晰，但爆店码最终还是失败了。这仅仅是因为没有打造出流量吗？接下来，我将从消费者、服务商、商家、平台方四方面进行分析。

1.消费者是不愿意用自己的账号帮别人做流量的，因此商家即便有一定利润，这样的利润也是不可持续的。就像我们去商场消费，销售员说发朋友圈即可兑换礼品，我们看在礼品的份上，不情愿地发了一条很丑的朋友圈，在兑换完礼品的一刻，第一时间删除该朋友圈。爆店码同理，既构不成内容种草，又无法保留一定时长（从发布到进入流量池要经历一段时间的等待）。

2.本地生活服务商的利润问题。没有利润的生意是要流氓，抖音本地服务商就面临这样的一个问题：明明很尽心，做了好内容帮助商家获客，但就是实现不了利润增长，陷入无休止的熵增，一如抖音电商。

3.商家自身利润问题。如果商家上架美团，商家给到的佣金在18%～25%，个别在30%+（闹市区及景区）；饿了么和美团在佣金方面，整体来说差不多。对于商家来说，这是确定性的支出与回报。但抖音本地生活的商家一般需要以6折左右的价格，才能在美团、饿了么的支配下找到存在感；也就是说，商家需要额外支付20%的溢价。而抖音本地生活和抖音电商在流量分配上极度相似，都是在追求一个可能性。

4.平台方不希望有重复性的无效内容，这样的内容会影响用户的使用体验，同时也会影响平台的流量分发。

抖音本地生活的战略模糊。抖音本地生活的竞对是美团，抢的是美团的流量。而美团本身是不需要商家学习摄影、运营技术的，只需要花5700元（具体类目具体分析）购买流量包就好，其余的交给美团平台方。如果想要更大的流量，那就购买价位更高的流量包即可。也就是说，经过长时间的发展，美团已经在广告位和流量方面找到了最佳平衡点。但是在抖音本地生活做生意却需要了解众多的短视频知识，只有如此才有可能获得精准客户，直白点说：花钱了，但不一定有用。而在一个城市中，懂这些专业知识的只是少数人，大部分人没有这方面经验，更不可能直接迎战网红店、明星店。所以抖音最正确的做法是——让消费者主动裂变，从而降低成本值。但如何让消费者主动种草且不删除，成了抖音本地生活的第一个难题。这或许可以借鉴腾讯的排位赛[①]。

即使抖音本地生活解决了消费者意愿问题，也会有一个新问题，即如何平衡众多种草型（广告型）内容与其他内容？紧接着第三个问题又产生了，即抖音本地生活内容与抖音电商内容的平衡，要知道整个抖音能给到的流量只有7% ~ 8%，两者孰轻孰重？

抖音本身拥有巨大的流量，进入任何一个行业都是降维打击，如果说电商零售是一个14万亿元的市场，那本地生活几乎就伴随着整个零售总额，因为在一定程度上，万物皆可本地。抖音3次试水本地生活，前两次都铩羽而归。现在的抖音本地生活项目就像一块"翡翠毛料"，做得好就成了抖音的第二增长曲线，甚至超过抖音电商业务。

缺少产品的极致体验

对于一个商业闭环而言，产品是1，运营、推广、售后都是0。我们必须先想好一个付费产品，所有的运营活动都围绕着这个付费产品展开，这样团队才会进入正反馈循环，团队做的事情才会显示出价值，之后再通过"打仗"，来实现团队最好的管理和激励。对于任何一家公司来说，都不应该再痴迷于毫无意义的用户增长，而是先打磨好产品，把交付产品的模型、服务打磨到极致，再开始相关的裂变、引流、转化动作。

抖音拥有巨大的流量，8亿用户中总会有些人在出差的路上，也总会有人

---

① 腾讯排位赛以等级排名为依据进行奖励分配。比如，一场游戏有1000人参与，奖金亦是1000元。腾讯会通过社交的方式让大家自由组队，最终，胜利的小组会得到全部奖金。

在吃饭，哪怕只服务好其中的 10%，也是巨大的市场空间。但问题是，已经有服务完善的 APP，用户为什么还要使用抖音？

本地生活服务和电商服务是完全不同的逻辑，电商业务比拼的是供应链，而本地生活业务更重交付，并且是即时性交付。在这一点上，抖音想凭借流量优势产生交易，避开了最重、最脏、最累的活——地推。抖音每次试水本地生活服务，都把地推交给服务商或者合作方来做，等待"大力出奇迹"，这是一件反噬极大的事情。

在今天抄来抄去的商业环境中，商业模式无法构成护城河，只要一种商业模式足够好，第二天就会出现一堆采用这种商业模式的企业。所以构成护城河的往往是最苦、最脏、最累的活，就像美团深耕的地推端。美团掌握着最大的互联网地推团队，市场上有任何的风吹草动即可形成规模化战斗，这是其他互联网公司所不具备的。虽然辛苦，但这恰恰是本地生活最需要的。

因此，好的产品体验需要强地推人员服务商家入驻，使商家可以获得流量，用户可以进行更愉快、更轻松的交付。

外卖这个行业复杂吗？我想我在这个行业还是有一定发言权的，答案是：不复杂。技术可以 copy（复制），页面可以优化，管理方式可以创新，员工可以挖，但为什么外卖型公司中只有美团和饿了么市场份额较高？

我们抛开市场环境，只讲员工。

很多互联网公司的老板做外卖这个行业，觉得在办公室里开着空调看看报表，然后雇一堆穿西装、打领带的年轻才俊们，写个炫酷的 APP 就成了。其实，这只是皮毛，连冰山一角都算不上。做外卖 APP，更多是脏活、累活、苦活。

首先，在完成 APP 开发的基础上，尽可能地优化产品，让用户有使用的欲望，最好是有分享的欲望，从而降低宣发成本。

其次，需要雇用一批受教育程度不是很高但是勤快的同事，去跟成千上万个夫妻老婆店去谈，也就是所谓的地推。

满足这两部分，才能说有了外卖团队的模型。而曾就读于商学院或从海外留学归来的人，大多出身于非常不错的家庭，他们是没有干过社会底层的脏活、累活的。他们回国创业或者是从业的时候，想象做一款APP，然后一推广大家就可以安装，之后就可以继续融资、上市敲钟。但是他们很少想到，在这个业务中含有大量的、底层的脏活、累活。虽然他们早期依靠资金、流量实现了快速增长，躲掉了脏活、累活，但在业务的最后阶段，这些脏活、累活筑就了别人的护城河。

为什么这个活，学历高的人做不了？

是自尊心，自尊心促使他们拉不下颜面去和夫妻老婆店谈合作。他们在学校从小接受的教育就是：自己是独一无二的，自己是来改变这个社会的。对做地推，他们会有极大的落差感，天然排斥。关于这个话题：不争论，因为这是我之前负责某互联网产品KA（关键客户）线时反复测出的结论。

另外，这个行业工资、底薪很少，完全得靠销售额提成来提升收入。这和从小获得的教育又产生了背离：自己生来就是天之骄子，毕业后就是出入高档写字楼，拿着丰厚薪水的。

——谏之朋友圈

机会点

促进社会发展的三大创新：技术创新、商业模式创新、管理创新。

1. 技术创新

技术创新是开辟新战场或颠覆现有市场最常见的因素。比如自动驾驶技术的革新，电动汽车车企瞬间打破传统燃油车独占的市场格局。比如大疆无人机的悬停技术创新、YouTube 的推荐引擎创新、SpaceX 的火箭循环回收技术……

请注意，并不是所有的技术创新都有用，只有与潜在用户有效结合的新技术才有用，技术的变革和创新是要为用户服务的。同时，技术创新还要符合企业在管理上的降本增效要求。

2. 商业模式创新

随着世界数字化程度的提高，商业模式创新变得更加重要。经过五次互联网浪潮，尤其是最近一次互联网浪潮，各种生产要素条件均已得到满足，商业格局已经稳定了很久，需要新的商业模式打破既定商业格局。

商业模式创新是初创企业通常胜过比它们有更多优势的老牌竞争对手的方法。比如谷歌开发的搜索算法，这是谷歌在搜索引擎商业模式上的创新，具体来说就是展示广告时考虑相关性和绩效，而不是简单地出租空间。也正因为在商业模式上的创新，谷歌才能将搜索引擎市场撕开一个口子，并占据一个席位。

又比如今日头条，利用信息流打败了百度的空间出租。

再比如，特斯拉也是典型的商业模式创新者，在既有生产要素的基础上，找到正确的服务组合以研制出突破性产品。

3. 管理创新

管理创新是最笼统，也是最有效的。管理模式的创新是用最简约的人工成本管理最佳的业务，实现产能最大化。比如阿米巴模式在调动员工积极性方面提供了非常大的助力；又比如精英创业，ins 的 13 名员工创造了市值 10 亿美元的公司。

互联网的复利

复利的威力比原子弹的威力还要大。由中国经济网根据国家统计局数据进行的归纳整理可知，按照不变价计算，在过去 70 多年中：中国 GDP 增长了 175 倍，年均增长率 8.1%；人均 GDP 增长了 70 倍，人均可支配收入增长了 59 倍；财政收入增长了 3000 倍。在工业领域：2018 年中国原煤产量为 36.8 亿吨，比 1949 年增长了 114 倍；钢材产量 11.1 亿吨，比 1949 年增长了 8503 倍；水泥产量 22.1 亿吨，比 1949 年增长了 3344 倍。服务业：2018 年第三产业产值达到了 469575 亿元，比 1978 年实际增长了 51 倍，年均增长率 10.4%。基建领域：截至 2018 年年末，中国铁路营业里程达到了 13.1 万千米，比 1949 年末增长了 5 倍；其中高铁营业里程达到 2.9 万千米，占世界高铁总量的 60% 以上；公路里程 485 万千米，增长 59 倍；定期航班航线里程 838 万千米，比 1950 年年末增长了 734 倍。在能源领域，2018 年年末中国发电机容量 19 亿千瓦，比 1978 年年末增长了 32.3 倍。在这个和平时期，我们享受着国家的成长性复利，从贫穷到小康，再到逐渐富裕。

互联网的复利有多重要？我们以微信的增长为例。微信成立 16 个月，用户规模达到 1 亿用户。又过了 6 个月，用户规模增长到 2 亿。再过 4 个月，有 3 亿用户在使用微信。

互联网的复利能有多强的作用呢？直到今天，我们仍然没有跳脱出第四次互联网浪潮——社交引擎拥有市场主导地位的互联网浪潮。社交引擎最大的优势就是边际成本极低，而效果极大。

于是，五次互联网浪潮的复利催生了今天的格局。任何时候，用户几乎都能通过谷歌、百度找到世界上的任何信息，几乎都能通过亚马逊或阿里巴巴购买世界上的任何产品，通过脸书、WhatsApp、ins、微信与世界上的任何人交流，通过抖音观看世界各地好玩、有趣的短视频内容。

用户时间的竞争

中国互联网的两个红利已逐渐消失：首先是人口红利的消失，自 2015 年之后，人口出生率就在急剧下降，中国呈现跑步进入老龄化社会趋势；其次是流量红利的消失。

用一个词来形容今天中国互联网行业的状态——高度饱和。请注意，这和互联网复利是不矛盾的，当新的互联网浪潮出现的时候，互联网的复利效应仍然有效。

CNNIC（中国互联网络信息中心）第 48 次调查数据显示，截止到 2021 年第三季度，中国网民规模已达 10.11 亿，人均每天上网时长 5.1 小时。虽然在某一特定时间增加到 5.2 小时，但很快又回到 5.1 小时。也就是说，不论互联网大厂怎么努力，用尽各种各样的办法，每天 5.1 小时都是在线时长最高点。

在这样的大前提下，我们看看网民在各互联网 APP 停留时长占比（见图 7-3 ）。

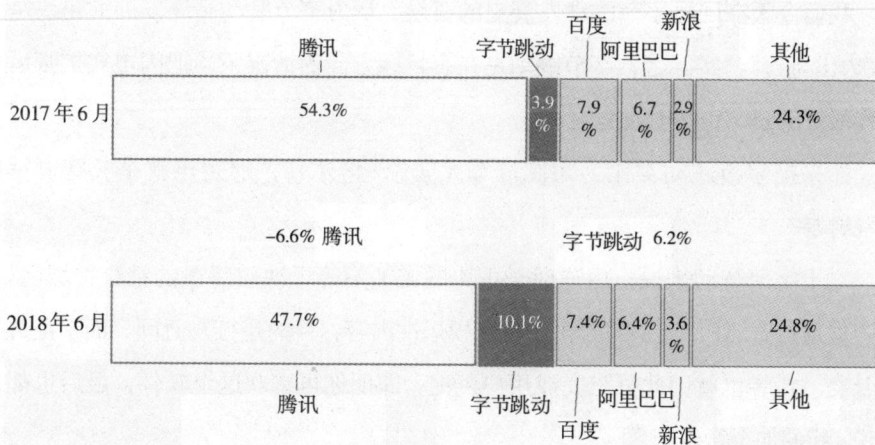

图 7-3 各 APP 用户停留时长占比

从 2017 年到 2018 年，腾讯损失了 6%+ 的市场份额，字节跳动增加了 6%+ 的市场份额，或许只是巧合，但对于腾讯来说，这样的巧合过头了，是腾讯不愿意看到的。还记得 2018 年腾讯重启微视吗？这是不得不做的事情，另外就是 2020 年视频号的野蛮生长，都体现了腾讯对用户时长下滑的焦虑。但网络效应 + 双边网络效应就是这样，首家达到临界规模的公司触发正反馈循环，便能主导赢家通吃市场或赢下更多市场份额，并持久实现首个规模扩张者优势。

在连续几次的互联网浪潮中，市场已经实现了大部分的整合。娱乐就像是木桶中缺失的最后一块短板，伴随着社交引擎的开启，迅速引发网络效应，就像给广场增加了广场舞，让广场变得更加热闹。

每次互联网浪潮，都会比之前的更快、更猛、更持久。就像用几年时间发展起来的抖音用户规模堪比诞生了 20 多年的腾讯。

在互联网效应和双侧互联网效应下，首家达到临界规模的公司将触发反馈循环，便能主导市场，赢家通吃或至少赢下更多市场份额，并持久保持首个规模扩张者的优势。但新的市场机会的出现会改变这一切，字节跳动恰巧抓住了新的市场机会。

我们今天在回顾字节跳动发展史的时候，认为字节跳动高速发展的秘诀是"大力出奇迹"，实际上，字节跳动是在有目标方向的情况下，把闪电式扩张运用得最好的公司，暂时没有之一。

如果把字节跳动类比为短跑冠军尤塞恩·博尔特，那腾讯就是长跑冠军莫·法拉赫。

对于字节跳动来说，用户时长占比的增加不等于冲破腾讯的社交护城河。用户使用抖音 APP 还是因为抖音具备娱乐性内容，目的是打发时间，而不是进行社交。抖音也就因此很难完成用户沉淀。即便你再喜欢这个软件，最后也都会说：我们加个微信吧。

虽然如此，但字节跳动依然掌握巨大的流量入口，可以无限制地试水创新业务，就如腾讯可以无限次地试水电商业务一样。

从战略层面上看，字节跳动的竞争对手已经不再是某几家公司，而是占据用户时间的公司。为了配合这一战略，字节跳动也势必会加强内容自制，尤其是对中长视频的扶持。

字节跳动私域化

我们来看下互联网大厂的获客成本（截止到 2021 年，数据来自财报和第三方统计）。

阿里巴巴：需要支付 673 元。

京东：384 元。

拼多多：578 元。

快手：177 元。

哔哩哔哩：65 元。

小米有品：200 元。

跟谁学：230 元。

流量稀缺；产品过剩；获客成本居高不下，如果复购再提升不上来，几乎就是等死。这是目前所有电商平台的困局。如果你觉得字节跳动流量多，抱歉，现在连字节跳动都缺流量。

于是，不得不重提私域流量，但一提私域流量就离不开社交引擎。社交引擎是私域流量沉淀的最佳场所，吃到了巨大的复购红利。在私域中成交，几乎是 0 营销成本，对于电商公司、品牌方来说，这是必须尝试的肥肉。

那么，抖音会做社交窗口吗？我猜会，并且一定会。每次做社区型窗口都是做社交型窗口的初步尝试，每次做社区型窗口都是在走生态位上的"农村包围城市"路线。

除了复购，还需要增强流量的稳定性和成交的稳定性。虽然抖音直播利用公域流量能够一分钟卖几万单，甚至几十万单，但不能保证每场都可以达到这个效果。而利用私域流量却可以做到时常有单、细水长流。

即便是强如字节跳动、YouTube 这样快速增长的公司，也没有撕开 2003 年社交引擎奠定的格局，国际市场还是以 facebook 为主导，国内还是以腾讯为排头兵，并且在短期内没有有力的挑战者。换句话说，字节跳动的最大威胁不是快手，或者一开始就不是快手，而是腾讯，并且一直是腾讯。

打败字节跳动的不是另一个推荐引擎，而是服务式新链接。用户苦互联网中心化已久，会不会真的出现一个分布式链接口，或者是处于链接与分散的临界点？但这可不仅仅是内容的去中心化分发。

稳定性的非常规

当企业规模较小时，打破常规可以让开发者行动更加迅速；但随着企业成长，打破常规实际上会拖慢速度，因为复杂程度的提高使开发者越来越难以解决打破常规所带来的问题。平衡稳定性与非常规，成为各互联网大厂的围墙。

还记得阿里云事件吗？为了找个人，拉了个钉钉群，10 分钟过后，发现群里几十人了，不断的 @，但就是找不到责任人。于是，在你一言我一语的拉扯中，事情不了了之。

字节跳动虽然通过公司架构部分解决了这一问题，但并未根本解决。随着业务线的延伸，部门间的交叉越来越复杂。比如，杭州的某 MCN 机构想要联系达人组的人，联系了一圈最终还是得找巨量商业化小二，平台方美其名曰："账号不起量的问题，不是达人组的问题，而是商业化问题，根本原因在于没有购买足够多的商业流量，多测试几次就好了。"

扯皮现象只是追求稳定性的一点点后遗症。但字节跳动随着业务创新（打破常规），增加了新的不确定性，主要是方向性的混乱，就像失去了舵手的船。巨量商业化的小二说得最多的一句话：投流没到位，多投几次就好了。商业化本身是为了规避已有部门的扯皮而单设的事业群，而如今小二却用一句模板"解决"了所有工作。

增长型失控

在今天的商业竞争格局下，增长是一个被谈论太多、令人备感焦虑的话题。传统企业增长普遍停滞不前，互联网公司的野蛮增长已是昨日狂欢，寻求增长的破局之路是企业发展无法回避的课题。但增长绝对不是病急乱投医，找准根本才是关键。

AARRR（acquisition，activation，retention，revenue，refer 这五个单词的缩写，分别对应用户生命周期中的五个重要环节）指标虽然能够在短时间内使增长得到改善，但这样的增长未必是健康的。增长不是简单暴力地拉新或者闪电式扩张，而是多种策略的组合，是追求增长目标下要素、模式和资源的平衡及最优分配。

流量与存量。对于一个操盘手而言，流量增长一直是最重要的 KPI，但流量本身是否有价值？有多少流量能够转化为存量？新增流量与存量之间是否会产生冲突？新增流量与存量的叠加是否具有更优解？实际上，在流量增长过程中，大部分快速增长的流量都是无效流量。在流量红利进一步紧缩的当下，存量优化和精细化运营，成了更为重要的思考方向。

拉新与促活。拉新是不断寻找新流量，促活是促进用户的使用和增强用户黏性。用户增长就是拉新和促活之间平衡的最优解。两者在不同时间担负不同的角色：在成长前期更侧重于拉新，只要拉新抵消掉用户流失即可；在成熟期，促活的优先级高于拉新，因为这时候重新获得用户的成本是极高的。

曝光与带货。曝光追求的是让更多人看到，而带货追求的是提升转化率。平台型公司在前期追求曝光度，快速提升自身知名度。后期侧重于转化，实现效益最大化。

需求与供给。在网络效应中，互联网的叠加复利是非常明显的，一旦达到临界值就会出现幂数级增长。而在双边网络效应下，要同时平衡需求侧和供给侧，一旦双边平衡被打破，很容易出现崩盘现象。所以，既要从需求侧激发用户使用频率，又要改善供给侧，用更加多元、优秀的内容倒逼需求侧的增长。

付费流量与自然流量。不要单靠自然流量，依靠自然流量更像是靠天吃饭。获取付费流量会促进自然流量的增长。

增长黑客（以市场和数据指导产品和技术发展，利用产品和技术的精进来增长的运营手段）与反作用力。好的内容会带来好的传播，促进知名度提升；同理，坏的内容会促进坏的传播，导致出现更大的损失。

解释完增长，我们具体拆解下字节跳动的双轮驱动模型：人才、业务。

1. 人员的增长型失控

我们来看下中国互联网公司的员工数量（截止到 2021 年）。

腾讯：9.4 万人。

阿里巴巴：25.5 万人。

字节跳动：11 万人。

京东：40 万人。

百度：4.1 万人。

滴滴：1.6 万人 +1400 万的网约车司机。

美团：6 万人 +960 万的外卖及其他外包人员。

仅 2020 年，字节跳动就增加了 4 万人，除去节假日，平均每天有 150 人入职。短时间的人员骤增，导致机构构迅速臃肿，尤其是在字节跳动还未完全实现闭环的情况下，臃肿会更加明显。

2. 业务的增长型失控：治标不治本的快增长

在数学逻辑中，1+1=2 是确定的。在商业模式上，却未必如此。

在业务增长型失控中，阿里巴巴最为明显，随着集团生态位的增加，平衡关系被打破，部门之间 1+1＜1，造成业务重叠和人员冗余。虽然表面上看大家都很忙，都有事做，但实际上是表面辉煌。

抖音的巨大流量窗口，给了抖音电商巨大的流量红利。抖音流量的分配决定了抖音电商的下限，而基建则决定了最大承载量，每次爆单都是对抖音电商的生死考验。抖音一方面需要优化对商家的罚款机制，另一方面需要优化用户的购物体验——很显然，抖音电商的物流体系不足以支撑其订单的快速增长。

抖音电商为了快速实现赢利闭环，短期内追赶、打压对手，采取了不计成本、不计转化的方式，只期望把量做上来。这种"花钱买机会"的快增长模式可以带来用户的活跃和销量指标的提升，但这样的增长往往是低效能的伪增长。

字节跳动只是移动互联网流量强，基建与阿里巴巴相比，还有较大差距。字节跳动内部也一直在关注这个问题，并且在不断地进行迭代。

有没有发现字节跳动最近突然变得激进？旗下各大 APP 疯狂宣传 PICO，有点类似 facebook 改名 Meta。

除了自身焦虑问题，抖音还面临上市问题。而关于字节跳动能不能上市，又关乎估值问题。字节跳动现在是最大的独角兽公司，估值 3000 亿美元。只要不上市，关于独角兽的故事就还可以继续讲；一旦上市，故事就讲不下去了（参考快手）。在今天 web2.0 浪潮的尾声，已经很难再有好的立项；字节跳动也急需在 web3.0 中寻找答案，至于答案本身是否正确，这不重要，只要找到一个可能性即可——PICO 大概率就是这个可能性。

这该死的硬科技——字节跳动的被迫综合征

在美国形成了硅谷这样的世界级加速器，在硅谷每天都会有新的生产要素创新和组合式创新，创业者能够肆无忌惮地尝试与挑战，硅谷给他们提供了许多关键信息和资源。在中国，北京同样被奉为创业者的天堂。（虽然各一线城市都体现出一定优势，但北京的综合优势仍是其他城市望尘莫及的。）

如果仅仅是商业模式的创新，当有一场新的商业变革发生后，被推翻的可能性极大，就像在五次互联网浪潮中产生的公司一样。谷歌自身商业模式成功后便迅速加强硬科技建设，先后投资了安卓、Keyhole、YouTube……微软同样加强在云端、数据库等硬科技领域的布局。

因为国情不同，腾讯并没有过多地投入硬科技，而是投入基建，比如生活缴费、导航、保险、充值、城市服务等生活型基建。到今天为止，腾讯本身已经不单单是一家社交公司，而是最大的基建公司之一。社交，只是腾讯迈入市场并站稳脚跟的引路式产品。

同理，阿里巴巴也已不仅仅是一家电商公司，它在物流、数据、内容创作……上都有布局。

从表面上看，阿里巴巴与腾讯在各个领域的竞争都异常激烈，但无论在哪个领域，只有多强竞争才是最佳格局。

总结来说，互联网大厂成功后，想要稳固已有的社会地位，要么加强硬科技的投入，要么加强基建的投入，与生活绑定在一起。阿里巴巴的基建更多是关于"物"的基建，腾讯的基建更多是关于"人"的基建。

在关乎民生的软件上，字节跳动可以尝试，但大概率不会成功。因为各项政策在不断完善，现在已经不是 2015 年前大搞基建的时候了。

那么，在社会性分工已经非常明了的情况下，基建这条路大概率走不通，所以字节跳动就陷入了硬科技的研发焦虑中。投资，是摆脱焦虑的一种方式，毕竟可以做大生态，形成军团型的规模竞争；但，不牢靠。Web3.0 和本地生活是相对确定的风口，毕竟大家还在同一条起跑线上，只不过有的人早出发了几分钟而已。

AI 机遇

自 2022 年年初虚拟人大火到 2022 年年底 Chat GPT 大火，AI 对市场的影响越来越大，从早期的智能客服到 AI 寻呼机，再到生成图文和短视频内容，好像一切都在预示着 AI 时代的到来。

数字人的背后有两个商业方向：一个是营销引擎，就是让数字人去卖货；一个是客服引擎，就是让数字人做售后。让数字人去卖货，看起来很有价值，但实际效果却很难超越直接让人来卖货——一旦情绪互动消失，任何内容都显得苍白无力。因此，最终大规模部署继而爆发的可能是客服引擎，即让数字人做售后。实际上，客服市场大有可为，毕竟各大公司都在次发达城市招募了大量的客服专员。举例来说，杭州某公司在中部城市有近 3000 名客服专员，每天 24 小时不间断地为各大甲方提供客户服务。

AI 的主要的优势：一是大规模复制，边际成本低；二是可以长时间在线和不断迭代，从而变成品牌真正的数字资产。

劣势就在于，AI 模型本身的训练门槛比较高，想要打造品牌个性化的语言模型，需要付出极高的成本，这只有一线的大品牌，或者是已经具备一定生态系统的大公司才能做到。比如，即便强如字节跳动，也在全国各地招募了众多的标注员，不间断地为字节跳动的推荐引擎保驾护航。而对于众多中小型公司来说，借助平台方提供的已有条件进行优化，可能会是更好的选择。

最后，不论 AI 如何发展，都要直面降本增效的问题，毕竟为情怀买单的公司少之又少。如果 AI 成本高于人力成本，对于商业市场来说，这就并不是一个好产品。

面对海量视频的出现，抖音需要做好两个方面的工作。

其一是要形成类似于文字传播所具有的知识图谱式的分类、连接，使人们在接触一个信息"点"时，能够接触供给方提供的基于知识图谱所构造起来的一个"面"，即抖音需要提供具有体系化的视频组合，形成视频间相互比较、相互促进、相互提升的链接。比如，用户今天想了解关于"电脑"的内容，抖音可以将主机、显示器、鼠标等的基本情况、相关资料等内容分类呈现，并综合对比得出用户为什么要选择 A，而不选择 B 的结论。

其二是抖音要进一步提升理解视频、理解用户及精准匹配的人工智能技术。利用人工智能技术，不断地降低用户被关注的门槛，加强用户探索世界的能力，让自身成为一个更加开放的社区。

在一个行业的时间过长，我们每一个人都像是"井底之蛙"，而那口"井"其实就是我们固有的思维和所谓的经验。有时候，经验越多，思维被束缚得就越紧，那口井也就越深，我们也就越不容易接受新事物。面对信息茧房，相信搜索和推荐将在知识图谱的不断完善和人工智能技术的不断提升下变得更好。

尾 声

最后讲个故事吧。2021 年 12 月 31 日跨年夜，一个非常特殊的日子。我在当天下午接到一位好朋友的电话，他用很沙哑的声音在电话的另一头说：出来吃点东西吧。也是在当晚，我听到了他说：他亏了 7000 万元。他诉说着他曾经认识谁，加了谁的微信，和谁有合照，和谁一块吃过饭、喝过酒……我安静地听了许久。在离开的时候，他笑着告诉我：在这个世界，当你不能创造价值的时候，你认识谁都没用。

一段我们每个人耳熟能详却不明白其深意的话。

我们都在一个很虚无缥缈的市场中，追求一个未知的可能性。借用经纬创投管理合伙人张颖的一句话——"自强则万强"，送给各位在路上的同路人。

2022 年年底，3 个月时间，我拜访了近 200 位企业家和创业者，出于这样或那样的原因，我不能把所有的名字都列出来，但你们对我的支持让我时刻铭记。再次感谢各位好朋友的无私分享，能够让本书内容更加具体、充实与饱满。

感谢投资人、客户、前辈、朋友的信任与包容，一路上的鞭策和鼓励。

感谢"增长专家"老白的付出，在自身业务繁忙的情况下还抽时间参与本书的打磨。老白深耕互联网增长，熟悉阿里巴巴、字节跳动、快手等多平台的增长路径。感谢来自求未 AI 的陈宏力、李耀栋等一众 AI 领域先行者答疑解惑，他们非常专业，在 AI 展望和应用落地方面给了我极大的帮助。感谢田大安、张凯两位老师指导调整格式、写作技巧，两位老师都出版了自己的书，他们的书非常值得细细阅读。

感谢出版社朋友的倾情帮助，在出版的过程中一次次审核与修订，感谢辛苦付出，让本书能够在较短时间上市。

最感谢身边的家人和朋友，每当遇到问题的时候，总有家人和朋友的陪伴，因为有你们，这本书的写作与出版才能取得这么快的进展。

最后，感谢大家的支持与斧正。

因数据来源广泛，各家数据统计存在口径不统一的情况，故读者在阅读过程中，发现前后数据不一致，属合理现象。比如，抖音 APP 的 DAU8 亿，这是包含了抖音、抖音极速版、抖音火山版等 APP DAU 数据的结果；但有些数据平台在进行数据调研时，并没有将后面这些 APP 的数据统计进去。当然，为了方便读者朋友阅读，本书会尽可能用统一或修订的数据进行系统性写作与编辑。

截至目前，字节跳动并未上市，不必公开数据；如若上市后，本书数据与官方公布数据不一样，则以官方公布数据为准。

附录一
字节跳动大事记

2006—2015 年

2006 年，张一鸣编辑火车票购票程序。

2012 年 3 月，字节跳动公司注册成立。

2013 年 5 月，今日头条获千万美元 B 轮融资。

2013 年，收购张楠的创业公司——社区图吧。

2013 年，从传统媒体公司挖张利东。

2014 年，从百度挖杨震原。

2015 年，从百度挖朱文佳、陈雨强。

2016 年

2016 年 1 月，今日头条创作空间上线并开放申请。

2016 年 2 月，今日头条开辟"头条寻人"。

2016 年 4 月，火山小视频上线。

2016 年 9 月，A.me 上线。

2016 年 10 月，投资印度最大的内容聚合平台 Dailyhunt。

2016 年 12 月，控股印度尼西亚新闻推荐阅读平台 Babe。

2016 年 12 月，A.me 改名为抖音。

2017 年

2017 年 3 月，喊话岳云鹏，抖音开始进入公众视野。

2017 年 4 月，微头条上线。

2017 年 5 月，火山小视频宣布 10 亿元补贴 UGC 小视频。

2017 年 5 月，TikTok 上线。

2017 年 6 月，头条视频全新升级为西瓜视频。

2017 年 6 月，头条问答升级为悟空问答。

2017 年 7 月，Vigo Video 上线。

2017 年 11 月，收购全球移动新闻服务运营商 News Republic。

2017 年 11 月，发布今日头条"千人百万粉"计划。

2017 年 11 月，字节跳动以 8 亿美元收购 musical.ly，并使其与抖音合并。

2018 年，调整较大，注重品质提升

2018 年，赞助湖南卫视小年春晚。

2018 年 3 月，抖音品牌升级，slogan 改为"记录美好生活"。

2018 年 5 月，今日头条 slogan 改为"信息创造价值"。

2018 年 6 月，印度短视频平台 Helo 上线 。

2018 年 6 月，抖音 DAU1.5 亿，MAU3 亿。

2018 年 10 月，抖音 DAU2 亿，MAU4 亿。

2018 年 10 月，Pre-IPO 轮融资完成，投前估值 750 亿美元。

2018 年 11 月，字节跳动与 NBA 签署战略合作。

2019 年

2019 年 1 月，抖音推出首款视频社交产品多闪。

2019 年 1 月，字节跳动发布商业品牌巨量引擎。

2019 年 1 月，抖音 DAU2.5 亿，MAU5 亿。

2019 年 6 月 27 日，字节跳动人工智能实验室开源 BytePS。

2019 年 7 月，抖音 DAU 超过 3.2 亿。

2019 年 9 月，完成对互动百科的 100% 收购。

2020 年

2020 年 1 月，火山小视频升级为抖音火山版。

2020 年 4 月，TikTok 下载量达 20 亿次。

2020 年 6 月 1 日，凯文·梅耶尔担任字节跳动首席运营官兼 TikTok 全球首席执行官。

2020 年 8 月，抖音 DAU6 亿。

2020 年 8 月，数亿元完成对百科名医的全资收购。

2020 年 9 月，收购易宝科技，间接拿下金融牌照。

2021 年

2021 年 4 月 8 日，抖音电商首届生态大会在广州召开，提出兴趣电商。

2021 年，字节跳动收购沐瞳科技。

2021 年 5 月，梁汝波接任首席执行官。

2021 年，字节跳动在"全球最有价值独角兽""2021 全球独角兽榜"位列第一名。

2022 年

2022 年 9 月 27 日，PICO 上线。

附录二
字节跳动旗下应用汇总

国内

1. 内涵段子，2012 年上线，定位图文娱乐平台，2017 年实现 2 亿人注册使用，现已停止使用。（早期的 APP 未列在此处，早期 APP 仅以内涵段子为代表。）

2. 今日头条、今日头条极速版、今日头条大字版，2012 年上线，定位信息聚合平台。为了拓展三、四、五线城市，今日头条积极开发了今日头条极速版；为了让中老年人看得清楚、用得开心，满足中老年人咨询阅读、休闲娱乐的需求，专门开发了今日头条大字版。

3. 极客大数据，2014 年上线，K12（学前教育到高中教育）大数据精准教学服务平台。

4. 图虫，2009 年创立，2015 年通过战略合作加入字节跳动，旗下拥有图虫社区、图虫创意（2017 年上线）、图虫 Premium 几个产品业务。作为影像传播平台，图虫社区已有 2000 万名注册用户，每天有来自全球各地的摄影创作者在此发布摄影、视频作品。

5. 抖音、抖音极速版，2016 年上线，定位短视频平台。

6. 抖音火山版，2016 年上线，定位短视频平台，主要服务三、四、五城市。

7. 时光相册，2016 年上线，智能云相册。

8. 西瓜视频，2017 年上线，定位中长视频平台。

9. 悟空问答，2017 年上线，问答平台，现已停止运营。

10. 懂车帝，2017 年上线，汽车媒体服务平台。

11. 激萌，2018 年上线，美颜自拍相机。

12. 轻颜相机，2018 年上线，美颜自拍相机，定位为主打高级感的质感自拍相机。

13. 皮皮虾，2018 年上线，定位搞笑视频和神评论，依靠 PUGC 内容、互动形式及社区氛围，让用户自由表达和分享生活中的快乐。皮皮虾与之前的内涵段子从图标到功能都神似，它可以同步恢复内涵段子的账号和数据，还得到了今日头条的广告推送，皮皮虾更像是内涵段子的翻版。

14. 幸福里，2018 年上线，房产信息与服务平台。

15. 住小帮，2018 年上线，一站式家装家居服务平台。

16. 穿山甲，2018 年上线，全球开发者成长平台。

17. 值点，2018 年 10 月上线，主打生活社区和时尚购物，主营为服饰穿搭、生活百货、户外出行和健康养生共四大品类，并且支持在线支付和货到付款两种支付方式，支持微信和支付宝支付。

18. Gogokid，2018 年上线，学前—高中教育平台。

19. 半次元，2012 年上线，2018 年被字节跳动收购，最专业的中文 cosplay 平台。

20. Ohayoo 休闲游戏平台，2017 年上线。

21. 心图，2019 年 1 月上线，图片社交平台。

22. 巨量引擎，2019 年 1 月上线，广告投放平台。

23. 好好学习，2018 年上线，主攻教育领域。

24. 清北网校，2019 年上线，学前—高中在线教育平台。

25. 瓜瓜龙启蒙，2019 年上线，学前—高中语言教育平台。

26. 飞聊，2019 年 5 月上线，以兴趣为基础的社交产品，是即时通信与兴趣爱好社区的集合，致力于帮助用户发现共同爱好者，曾冲上 APP Store top10。

27. 飞书，2019 年上线，企业办公软件。

28. 多闪，2019 年上线，小视频社交软件。

29. 剪映，2019 年上线，视频剪辑软件。

30. 番茄小说，2019 年上线，网文阅读平台。

31. 新草，2019 年上线，生活社区。

32. 巨量创意，2019 年 7 月上线，广告制作工具。

33. 红果小说，2019 年 8 月上线，原创小说创作阅读平台。

34. 小荷健康（原名绿松果），2019 年 11 月 7 日上线，线上患者社区。

35. 番茄畅听，2020 年上线，长音频软件。

36. 抖音盒子，2020 年上线，定位为电商购物平台。

37. 头条搜索，2020 年 2 月上线，定位为搜索引擎。

38. 醒图，2020 年 3 月 5 日上线，手机修图软件。

39. 抖店，2020 年 6 月上线，主要从事电商业务。

40. 开言英语，2020 年上线，情景对话式的英语学习 APP。

41. 大力爱辅导，2020 年 7 月上线，教育工具。

42. 好运到万年历，2020 年 11 月上线，黄历、日历、天气查询工具。

43. 黑罐头，2020 年 12 月上线，素材共享工具。

44. 悟空浏览器，2021 年上线，手机浏览器。

45. 嗷哩游戏，2021 年 1 月上线，云游戏平台。

46. 摸摸鱼，2021 年 3 月上线，游戏盒子平台。

47. 买车通，2021 年 6 月上线，购车工具类 APP。

48. 大力一起学 HD，2021 年 8 月上线，自主学习平台。

49. 大力家长，大力智能学习灯配套应用。

50. 河马爱学，2021 年上线，高中智慧教育平台。

51. 小趣星，2021 年 9 月上线，儿童兴趣短视频平台。

52. 抖文小说，2022 年 1 月上线，网文付费小说平台。（因诸多类似平台测试时间相近，故在此仅以抖文小说为例。）

53. 派对岛，2022 年 7 月推出，实景化的实时线上活动社区。

54. 谭水源，2022 年 2 月上线，中小学教师的成长交流平台。

55. 好奇小知，2022 年 3 月上线，青少年知识学习平台。

56. 抖音来客，2022 年 3 月上线，本地生活服务平台。

57. 汽水音乐，2022 年 4 月上线，定位中心化的音乐软件。

58. 沸寂，2022 年 6 月 6 日上线，虚拟时尚社区，数字时尚创意平台。

59. 火山引擎，2022 年 6 月 22 日上线，技术服务平台。

60. 识区，2022 年上线，内容社区。

61. 抖音小窝，2022 年 8 月上线，虚拟空间。

62. 住好家，2022 年 9 月上线，装修设计平台。

63. 学浪，2022 年 10 月上线，网课学习平台。

64. 番茄畅听音乐版，2022 年 11 月上线，音乐软件。

65. 青桃，2023 年 3 月上线，兴趣知识视频平台，聚焦中长视频。

66. 有柿（原头条搜索的升级版），2023 年 4 月上线，生活社区。

国际

1. Dailyhunt，2016 年上线，印度信息聚合平台。

2. Babe，2016 年上线，印度尼西亚信息聚合平台。

3. TikTok，2017 年上线，短视频软件，海外版抖音。

4. Faceu，2018 年上线，美颜自拍相机。

5. Musical.ly，2014—2018 年，短视频平台，并入 TikTok。

6. Lark，2019 年上线，企业沟通与协作一站式平台，海外版飞书。

7. Ulike，2019 年上线，美颜自拍相机，海外版轻颜相机。

8. Capcut，2020 年上线，视频剪辑软件，海外版剪映。

9. Resso，2020 年上线，印度音乐直播平台，海外版汽水音乐。

10. Flipagram，2017—2020 年，短视频平台，并入 Vigo Video。

11. News Republic，2017—2020 年，现已关停。

12. Helo，2018—2020 年，印度短视频平台，现已关停。

13. TopBuzz，2015—2020 年，信息聚合平台，现已关停。

14. Vigo Video 即 Hypstar，2017—2020 年，短视频 APP，现已关停。

15. Lemon8，2020 年上线，社区种草平台。该产品最早专注于日本市场，升级后拓展了东南亚市场。根据使用情况，其用户 56% 来自日本，33.8% 来自东南亚。

16. Mytopia，2021 年 1 月上线，付费小说平台。

附录三
快手旗下应用汇总

国内

1. 快手，2011 年上线，短视频平台。

2. 快影，2017 年 1 月上线，视频剪辑软件。

3. 快手电丸，2017 年 5 月上线，娱乐小游戏软件。

4. 快手直播伴侣，2017 年 7 月上线，游戏直播软件。

5. 一甜相机，2018 年 8 月上线，原名 M2U，同年 12 月改名，口号是"让美成为日常"，主打高甜日韩系滤镜和元气萌力贴纸，让用户通过自然轻量的美颜特效，轻松拍出带有日韩大片质感的照片、视频和 vlog。

6. 快手极速版，2018 年 10 月上线，短视频平台。

7. 快手概念版，2018 年 11 月上线。

8. 宇宙视频，2018 年上线，短视频平台。

9. Uget，2018 年上线，短视频平台。

10. 光音 Mulight，2018 年上线，专业音效处理软件。

11. 蹦迪，2018 年上线，潮流文化社区。

12. 豆田社区，2018 年上线，生活种草社区。

13. 快手小游戏，2018 年上线，游戏平台。

14. 电喵直播，2018 年上线，游戏直播平台。

15. 一起写，2014 年年底成立，2015 年 3 月正式上线，2018 年被快手收购，是一款多人实时在线协作 APP。

16. A 站，2018 年 6 月被快手收购，二次元社区。

17. 虾头，2019 年 4 月被收购，图片投票社交类软件。

18. 快看点，2019 年 5 月上线，信息流图文软件。

19. 笑番视频，2019 年 7 月上线，搞笑娱乐视频 APP。

20. 欢脱，2019 年 7 月 23 日上线，后改名为喜翻，是一款聚焦陌生人社交的产品。

21. 态赞，2019 年 10 月上线，流行短视频社区。

22. 快手青春记，2019 年 12 月上线，教育类短视频。

23. 快手小店商家版，由快手推出的线上直播卖货平台。

24. 毛柚，2020 年 2 月 15 日上线，宠物短视频平台。

25. 开眼创意，2020 年 2 月 19 日上线，广告制作工具。

26. 避风社区，2020 年 4 月上线，潮流视频社区。

27. 一甜面聊，2020 年 4 月 10 日上线，短视频聊天工具。

28. 皮艇，2020 年 9 月 10 日上线，播客。

29. 轻雀协作，2020 年 9 月 15 日上线，协同办公类 APP。

30. 回森，2021 年 3 月 9 日上线，K 歌平台。

31. 小森唱，2021 年 5 月 16 日上线，原创音乐社区。

32. 原片，2021 年 6 月 6 日上线，修图工具。

33. 快手免费小说，2022 年 9 月上线。

34. 快手创作者版，2022 年 11 月上线，国内首个聚焦创作者服务及成长的APP，将打造综合服务窗口，解决创作者在创作前中后期的核心痛点，为创作者提供包括作品创作、粉丝增长及商业变现等在内的全链路成长服务。

35. 快知，2022 年 11 月上线，致力于搭建短视频百科体系。

国际

1. Kwai，2018 年上线，快手海外版。

2. UVideo，2018 年上线，印度短视频平台。

3. MV Master，2019 年上线，视频剪辑软件。

4. Snack Video，2020 年上线，短视频软件。

5. Zynn，2020 年 5 月上线，短视频软件，已于 2021 年关停。

后 记

01

相信相信的力量。当你愿意相信的时候，世界都是你的，你的气场会随着你的专注度的不断提升而不断升级，各种资源就会像雪花一样飘来。

02

养成一点好习惯。

读书，是一个人最快的成长途径。因为你用读一本书的时间，解析了著作者十几年，甚至几十年的思想。读书，是在和高手对话。

从中学时代开始，我就定了一个目标，养成每年阅读 50+ 本书的习惯。从定下这个目标到现在，已经有 8 年。再加上出于发展业务的诉求临时翻阅的书籍，我的阅读量应该已经超过了 800 本书。

请注意，这里的阅读是超越工作的，出于对未知的好奇。

03

作为一位连续创业者，我每天起床的第一件事就是疯狂奔跑，虽然也有彷徨，但更多的是边跑边思考。

改变命运的唯二途径，一个是创业，另一个是考取名牌大学 + 进入名企的机会。创业真的太难了，而后者是相对确定的。

人生就像过山车，不论是上坡还是下坡，都非常刺激。

如果不想在老年时躺在床上后悔，那就趁年轻、趁现在。

04

抖音想把公域流量沉淀成自己的私域流量，先后催生了抖音粉丝群、抖音探店、抖音共创等一系列玩法。可我要问，抖音是不是忘记了最核心的一点：人，为什么社交？

送给所有正在路上的朋友：

人即服务。